闘いの庭　咲く女
彼女がそこにいる理由

ジェーン・スー

文藝春秋

闘いの庭　咲く女　彼女がそこにいる理由

はじめに

ここ十年だろうか、各所で「生存者バイアス」という言葉が使われる場面が増えた。生存者バイアスとは、淘汰された事例を無視し、少数の生存者を基準にした判断で物事を理解することから生まれる認知の歪みを指す。ざっくり言えば、成功例から成功法を見出したところで、万人が成功できるわけではない。なぜなら、成功法を用いて失敗した人たちのことを無視しているからだ、ということ。

生存者バイアスの存在自体は否定しない。視野を広くもてば、大きな過ちを犯さずに済むことも多々ある。しかし、うまくいった人の話を聞いたところで、その陰には数千、数万の失敗例があるのだから、成功例は役に立たないという態度はいかがなものかとも思うのだ。つまり、「あなたはそれでうまくいったかもしれないけれど、私はうまくいかないかもしれない」という思いが、自分自身を手に入れるのに、どう役立つのかという問い。

小学校の図書館にあった女の話は、たしか『ナイチンゲール』と『マザー・テレサ』と『キュリー夫人』だった。樋口一葉や津田梅子のことは知らなかった。実際の業績に関わらず、世間が持つナイチンゲールのイメージは白衣の天使であり、マザー・テレサは修道女。どちらも、愛をもって他者に献身する姿が讃えられる。キュリー夫人は天才物理学者・化学者だが、誰かの妻である「夫人」が苗字のあとに必ずくっついてくる。いや、わかっている。そういう時代だったのだ。女が多くを求められなかった時代を切り拓いてきた先人たちには、最大の敬意を表したい。

と同時に、もう少し親しみを感じられる女たちの話を聞きたいとも思う。そういう欲望が、私のなかにムクムクと湧いてくる。百聞は一見に如かずと言うが、女が自分の手と足で人生を切り拓いた話は、百聞すらままならないではないか。

人は「知らないことはできない」と相場が決まっている。女にまつわるつらいニュースばかり追っていたら、女はこういうものだと思ってしまう。そんな言葉はないが、強いて言うなら「淘汰者バイアス」だ。

うまくいった人は自分とは違うという考え方に囚われて、一歩前に踏み出せなかったことはないだろうか。個人的には、「私なんかが」という思いが私を助けたことは、いまのところ一度もない。なぜ、自分にはできないと思うのか。うまくいかないときにもめげず、腐らず、頑張った先で花を咲かせた女の話を、ほとんど知らないからではないだろうか。本当に、「そういう人は特別だから」なのか。あなただって、十分に我慢強いではないか。その我慢強さを、自分のために使ったことはありますか？　たまには、自分の人生を手にした女の話に励まされ、項垂《うなだ》れていた頭が前を向いたっていいじゃない。

私が敬意を表す女たちに話を聞いて回ったら、最初から特別で、すべてがお膳立てされていた人など誰もいなかった。出だしから幸運の女神に微笑まれた人も、突然、王子様に見出されたシンデレラもいなかった。みんな、自分の足でしっかり大地を踏みしめていた。

おっと、ここで気後れしないでほしい。誰もが夢をつかみ取る人生を歩まなくたっていいんだもの。でも、それをやってのけた女たちがいることも知ってほしいのだ。

彼女がそこにいる理由を一緒に見届けてくれたら、筆者としてこれ以上の喜びはない。さあ、ページをめくって！

目次

ブックデザイン：関口聖司
装画・イラスト：那須慶子
DTP制作：エヴリ・シンク

齋藤薫

「自分の顔を知るって、本質を見つけるということ」

さいとうかおる／東京都生まれ。婦人画報社に入社し、創刊当時の『25ans』編集部で新しいスタイルの美容記事を確立する。29歳で退社後、美容ジャーナリスト、エッセイストに。美容記事の企画に携わる他、化粧品会社や百貨店のコンサルタント、広告や商品開発のアドバイザーなど、幅広く活躍。近著は『〝一生美人〟力 セカンドステージ――63の気づき』（朝日新聞出版）。

もっと前に出てくれたらいいのに、と思う人たちがいる。女は特に、出てこない。自身の功績を「たまたま、運が良かっただけ」とか「私なんかが」と謙遜する。出るも出ないも本人の自由だが、弊害は思わぬところに現れる。社会で共有される、女の成功譚《たん》が極端に少なくなってしまうのだ。

私たちにはもっともっと、社会に求められ、功績を築いた女の物語が必要だ。前例が見えぬままでは、自分にも同じことが起こりうるとは思えないから。プロ野球がない世界には、プロ野球選手になろうと夢見る子どもは現れない。

私たちが気づかぬうちに、社会に変化をもたらした女たちはゴマンといる。美容ジャーナリスト・齋藤薫も、間違いなくその一人だ。

女性誌を読んだことがあるならば、齋藤の文章を目にしたことが一度はあるはず。サラリと読ませる文体ながら、蓄積された膨大な知識、芯の通った美学、そして矜持《きょうじ》に裏打ちされた言葉には、ハッと気づかされることが多い。何を読んでも明日から試せるティップスが必ずある。彼女はそれを、ブレずに30年以上続けている。

読み手の夢と期待を存分に膨らませてくれる、新商品の紹介にも定評がある。彼女の言葉に導かれ、私がコスメカウンターまで足を運んだことは、一度や二度ではない。

しかし、彼女のコラムやエッセイを読んでも読んでも、齋藤の素顔は見えてこない。著作は多数あるが、自身を語るものは少なく、タレント活動も一切しないからだ。

書かれたものを読めば、彼女が自分語りを嫌っているのは明らかだった。自著にも「引っ込み思案」と書いてある。しかし、私はどうしても齋藤の話が聞きたかった。

編集者からの幾度かの依頼を経て、ついに齋藤からイエスの返事をもらえた。ようやく、ディオールのスヴェルトやヘレナのフォースC、オバジが誕生した時代から活躍する、「美容ジャーナリスト」創始者に話が聞ける。胸が高鳴った。

齋藤は、ポートレートと寸分違わぬ姿でホテルのカフェに現れた。トレードマークのたっぷりした美しい巻き毛と、品の良い笑み。

そもそも、齋藤が美容に興味を持ち始めたのはいつからだろう。出されたコーヒーには手を付けぬまま、彼女はゆっくり語り始めた。

「中学生のころから、マスカラをつけて学校へ行っていました。7歳上の姉がいたせいもありますけれど、バレずに可愛く見えるにはどうしたらいいかを観察していたら『あれっ、マスカラじゃん』って気づいて。まつげが上がっていれば、可愛く見えるって。偉そうに言えば、分析好きなところが、小学生ぐらいからありました」

引っ込み思案な自分とは対照的な姉の、素顔とメイク後の違いをじーっと見ていたという。

「コンプレックスは、もちろん沢山あって、書くことのベースは、すべてそこからかもしれません。仲良しに大美人がいて、彼女はどこが違うんだろうと。貪欲だったのかもしれませんが、子どもなりに比較をして、でもそれを嫉妬に変えたら負けだし、とか常に内省的にモノを考える癖は子どものころからありましたね」

勝手ながら、文章や写真から、生まれたそばから美人道を歩いてきたのだろうと想像していた。実際には、無意識のうちに研究を重ね、唯一無二の自分を掘り起こした人なのだろう。

「中学生からマスカラをつけていたり、ずーっと髪が長かったり、そういう要素を重ねていくと、やっぱり女っぽくあったほうが人生都合がいい、という価値観は小さいころからあったのかもしれません」

子どものころ、齋藤の周りには、魅力的な年上の女性が多く存在した。常にピンヒールを履き、逆毛を立て流行りのファッションに身を包む叔母もその一人。齋藤は自著で、60年代の女性が一番格好いいと繰り返し記している。

「小学生のときにその叔母が連れていってくれた映画『ロシュフォールの恋人たち』

に衝撃を受けて、あのときに美意識の目覚めがあったかも。いま振り返っても、ファッションも含めて、あのころの女性が圧倒的に美しかった。あとは、その繰り返しと焼き直し。いまだにそれは変わりませんね」

確かに、60年代のファッション画像を検索してみると、50年代以前のそれよりも親しみが持てる。つまり、現行ファッションの始祖がそこにあるということだ。

「多くのことがそうですよね。私も編集者でしたので言っちゃいますけど、60年代のファッション写真は、もうでき上がっている。行き着いてしまうと、あとはみんな真似の世界になっちゃう」

自身を「明快に計画を立てられない性質」と評する齋藤は、大学在学中からアルバイトをしていた新聞社に、卒業後もなんとなく滑り込もうとしていたが失敗。女性誌志向はなかったものの、就職できたのは婦人画報社(現・ハースト婦人画報社)。『25ans』編集部に配属された。

小学生時代から積み重ねた観察と分析の結果、彼女は20代前半で、すでに自分を魅力的に見せる心地の良いスタイルを確立していた。巻き髪のロングヘアや清潔感のある色使いをモットーにした、エレガンス・スタイルである。

「私が入社したころの『25ans』は、もう少しシンプルでインテリジェンスを感じさせるスタイルでした。編集者はまだ編集者らしいすっぴんにペタ靴、という時代だったので、『あの子、なんで入ってきたの?』というふうな、白い目が結構あったかもしれません。ヒールで撮影に来るヤツ、なんて揶揄《やゆ》されましたね。でも自分のスタイルなので、それは変えられないかなと」

内気だが、こうと決めたことには強い意志を貫くのが齋藤流だ。

私の知る限り、雑誌編集という仕事は、根性、体力、精神の限界と常に隣り合わせだ。読者に夢を見せるため、作り手は無限に汗水を垂らす。イメージと異なり、華々しい仕事とは決して言えない。

「ちょっとこの格好ではまずいかなと思ったこともあったんですけど、フフフ、途中から、雑誌のスタイルが自分に合ってきちゃった」

齋藤は朗らかに笑うが、雑誌が「いつの間にか」彼女のエレガンス・スタイルに合致したのではないだろう。人目を引く彼女の姿が、誌面に影響を与えたに違いない。

私がそう考えるのには理由がある。にわかには信じられないが、当時の『25ans』には、モデルが着る服を考え、集めてくるスタイリストがいなかった。編集者がスタイリングを考え、各ブランドに足を運んで洋服を借りるのは、かなりの難業だったはずだ。

「すごい力業でした。恥ずかしながら、ファッションの勉強をなにもしていない人間が、服を貸し出してほしいといろんなメーカーを回る。そういうスタイルでした。外部のライターさんを使う習慣もなかったし、デザイナー、イラストレーター、カメラマン、ヘアメイク以外は、すべて自分たちで」

ブランドから靴を借りる際は、撮影中に汚さないよう靴底にガムテープを貼る作業がある。通常はスタイリストアシスタントが行う仕事だが、『25ans』では編集者がやっていた。靴底の素材を傷付けぬよう、ギリギリまでトレーシングペーパーで覆い、縁取るようにガムテープを貼っていたという。

『25ans』時代、齋藤は今後の人生を変える二人の盟友に出会う。この出会いが、日本のビューティ業界をガラリと変えたと言っても過言ではない。一人は、現在作家として活躍する光野桃。

「桃ちゃんのほうが先に編集部にいたので、編集とはどんな仕事なのかを見せてもらいました。こんなに面白いんだと興奮しましたね」

『25ans』1982年8月号、齋藤薫と光野桃は、のちの美容ページの礎《いしずえ》となる特集を組んだ。その名も『メイク再発見』。素顔から順にメイクを施していく手順を、写真と解説で追った記事。口紅を落ちにくくする方法。タレント、モデル、ブランド広報のメイクテクニック。1カ月もつペディキュアの塗り方。ロングセラー商品の魅力に迫るコラムや、メイクの歴史を紐解く記事。いまでは当たり前の切り口だが、約40年前にはどれもが型破りだった。

「それまでは、どこの女性誌もそうだったと思うんですが、たとえば資生堂とか、カネボウとか、大手が発信する情報をそのまま載せて、メーカー所属のヘアメイクさんがモデルにメイクして4ページぐらいで作ることが普通だったんですね。変な言い方ですけど、編集部にもヒエラルキーがあって、ビューティは最下層の仕事。誰もやりたがらなかった。でも、いろいろ考えていくうちに、顔のことだけで毎回違う企画を立てるのって、すごく面白いんじゃないかと思い始めまして。ビューティやりますと立候補したんです」

60年代の女性ファッションやメイクを完成形と見極めた齋藤は光野とタッグを組み、今度は自分たちが完成形につながるひな型を生み出した。メーカー提案型から、ユーザー共有型の美容へ。齋藤薫は、「素人ができなきゃしょうがない」と言う。

すまし言葉が常識だった誌面にしゃべり言葉を用い、社風に合わぬと社内で顰蹙《ひんしゅく》を買った。

「ビューティって、格好つけることではないんじゃないかと思って。それまでは、本当にきれいきれいな、ことなかれページを作っていたけれども、ビューティって裸になった裏側を見せることでもある。だから、メイクのプロセスから誌面にしたんです。ただ、動きのないものではなく、笑っちゃうようなものを作りたかった。それゆえの言葉遣いだったかもしれません。読者のニーズに応えられたとは思います。みんな、こういう生々しい情報を求めていたんだと」

さて、二人目の出会いに移ろう。カリスマという言葉にいまほど手垢《てあか》がついていなかった80年代、齋藤と光野は、のちに真のカリスマへアメイクアップアーティストとなる藤原美智子と出会う。普通の女に、女優のような凛としたメイクを理論的に授けた元祖と言えば、藤原美智子に他ならない。

「彼女がいなかったら、『25ans』のビューティはここまで盛り上がらなかった。企画したことをそのまま絵にしながら、法則を見出してくれる人。彼女でないと、ページが成立しなかったんです」

齋藤薫と光野桃と藤原美智子。この最強タッグが存在しなければ、いま私たちが手にしている美容情報も化粧品も、まるで違うものになっていただろう。

「メイクって、感覚じゃないんです。みんな感覚だと思っているけれど、感覚ではきれいになれない。考えて考えて、ひねり出す。そこが、ビューティの醍醐味。法則を考えるのは楽しいんです。いくらでも作れるはずだから。私は負荷をかけられるほど燃えるタイプ」

美容界に新風を吹き込んだ齋藤だが、所謂《いわゆる》コスメおたくではない。

「化粧品に夢中じゃないから、逆に見えてくるものがあって、フリーになってからもビューティの仕事が続けられたんだと思います」

私にも、電話帳のように分厚い『25ans』を読んでいた時期がある。隅から隅までゴージャスで、こんな世界があるのかと、ページを繰るたびに舌を巻いた。叶姉妹はまだ3人だったし、ポジティブシンキングの伝道者ミス・ミナコ・サイトウも健在で、坂巻恵子さんは香港マダムだった。ああ、いけない。これではゴシップ・メモワールになってしまう。

「私が在籍していた頃とは、ちょっと時期がずれていますね」

暴走する私を、齋藤はほほえみで受け止めた。超弩級《ちょうどきゅう》のお金持ちを眺めるなら『25ans』と相場が決まっていたあのころ、編集部は世間になにを伝えたかったのか。

「驚き、かもしれません。女性たちに、こういう世界があるんだよと、映画や小説のような夢物語を見せてあげる。桁が多ければ多いほどいいんです。現実味がなければないほどいい。だからこそ、逆に、最も身近なものがビューティだったんじゃないかなって」

映画『クレイジー・リッチ！』ばりのライフスタイルを覗き見し、頬を赤らめた読者たちが、唯一自分との接点を見出せたのが、ビューティページだったというわけだ。

さあ、30代目前。盟友に出会い、数々の企画を立ち上げ、編集者として脂が乗るタイミングで、齋藤はポンと婦人画報社（当時）を退社してしまう。

「人並みに結婚願望があったのと、疲れたのと、『なんかなあ〜』みたいな。私の人生、成り行きなんですね」

婦人画報社に在籍したのは、わずか7年半。表向きは結婚を機に退社だったが、当時のお相手とは結婚には至らなかった。

「いまでは信じられませんが、編集者として、30歳定年説のようなものがあったんです。OLさんもそう。女性の仕事は、腰掛けと言われていた世代ですから。もちろん、働き続ける女性もいたけれど、30歳ってものすごい大きな壁だった。その壁を乗り越えられないから、逃げちゃったのかなという気もしないでもない」

退社はしたものの、結婚生活が始まるわけでもない。齋藤は持ち前の「人生成り行き」に従った。

「完全なるプー太郎です」

独立してフリーで仕事をしようなどという、大それた考えは持っていなかった。

「占いはあまり信じないたちだったんですけど、辞めるにあたって、ちょっと聞いてみようかなと。初めての転機ですので。それで、お話をしたら、『あなたは勘だけはいいから、成り行きに任せて大丈夫』と言われまして」

齋藤が占いを頼りにしたのは、転職、39歳での結婚、住まいについての計3回だという。

フリーランスとして活動するにあたり、馴染みの編集者が「美容ジャーナリスト」の肩書きを授けてくれた。早速、「地球初の美容ジャーナリスト」と揶揄する者が現れる。目立つことを嫌う人間が、期せずしてやっかまれる場所に立たされてしまった。

「なんでこんなことやっているの？　と思っても、この仕事を選んだことさえ自分に説明できない。このまま続けていけるんだろうかと、日々、葛藤がありました」

しかし、30代半ばに「私の役目はこれだ」と腹が決まる。

「使命というような大袈裟《おおげさ》なものではないんです。ある日突然、人に頼まれたものを書いたときに、一番気持ちが良いことに気づいて。オーダーに応える喜びがあったんですね。あ、これでいいんだと思い、そこから楽になりました」

独りよがりな自己主張はなかなか通らないものだが、周りのリクエストに応えていくと、船は案外と遠いところまで行けるものだ。

「広告を作ったり、メーカーさんのコンセプトを考えたりと、裏方のお仕事もたくさんいただきました。これも、人の期待に応える仕事。相手が喜んでくれることに喜びを感じました。とあるメーカーさんの偉い方には、『齋藤さんは、ボトルの底まで褒めてくれる』って言われたんです。そんな記憶はないんですが、いいところを探そうという気持ちは常にある。虎視眈々《こしたんたん》じゃないですけど、作った側さえも気がついていない魅力を探すのは、ちょっと快感です」

この世界に長年身を置いていることに、戸惑いがないわけではない。

「私自身はメイクに凝《こ》ることもなくて、やり方は18歳からまったく変わっていないですし。そこに価値を見出せないままビューティで生きていく自分はなんなのだろうという思いはあります」

以来30年、第一線を走り続けているのだから、凄まじい才能だ。

「続けられた唯一の理由は、時代の変化です。辞めた当時は『45歳って何者？一体どんな生き物？』って、本当にそういう時代。もう、35歳過ぎたらおばさんでしたから。社会が認めるわけないし、そもそもニーズがあるはずない、と」

美容ジャーナリストとしての地位を確立したのち、テレビのコメンテーターやタレント活動、料理本の執筆など、異なるジャンルでの活躍を望まれはしなかったのだろうか。齋藤は大きな目を見開き、少し照れながらこう言った。

「音楽が大好きなもので、コンピレーションCDを出したことがあるんです。きれいになる音楽とかなんとか。そうしたら『そんなことやっちゃうんだ』と周りがざわついてしまって。恥ずかしい思いをしました。時々、映画や音楽の依頼があると喜んでやっちゃうんですけどね」

齋藤には、乙女のように気にしいのところがある。ドーンと構えていればいいものを。

「SNSもやってません。気になるから、一切見ない。業界の事情にも非常に疎《うと》く、業界噂話もほとんど入ってこない。そのほうが仕事はやりやすい気もしていて……」

新作発表会に行かなくなった理由が、いかにも齋藤らしい。

「私は業界で一番古いんです。伺えば、いい席に案内されてしまう。そこに違和感もあって。ちょっと行かなくなると、次に行くのが難しくなる。悪循環なんですね。たまたま発表会が終わった後に、どこかのメーカーさんに伺ったとき、『こんな発表会をしたんですよ』とご紹介いただいたら、『齋藤薫は一人のために発表会をやらせる』という噂を立てられたことも」

人気者の宿命だが、主人公気質でない者にはダメージが大きい。

「齋藤の書く広告コピーは一本１００万円というデマが流されたこともあって、ビックリ」

さも愉快な話という風情で事もなげに言うが、文章と数年に一度更新されるポートレート以外は世に出てこない理由の一端は、ここにもあるのだろう。

現在（２０１９年）の齋藤の連載は、ＷＥＢや企業ＰＲ誌を含め24本に及ぶ。どの雑誌を開いてもそこにいるのに、「またか」と感じさせないのは、飽きさせない文章力の持ち主であることは当然として、姿を見せないからという理由もあるやもしれず。もはや、美容忍者だ。忍者の生活を覗いてみよう。

「毎日10時くらいに寝て、深夜3時ごろ起きています。ショートスリーパーですね。目覚めたら身支度はせずに、そのまま仕事を始めます。食事も、仕事をしながら」

噂によると、昔は手書きだったが、いまは特別な方法で執筆していると聞く。

「音声入力がベースです。打つより早いので。以前はガガーッと手書きの原稿をオフィスに送って、スタッフがタイプしたものを送り返してきて、2回ぐらい校正して出すのを何年も続けてました。いまはiPadのマイクに向かってしゃべってます。間に合わないときは、外でもやってます。静かなところだと、馬鹿じゃないかと思われる」

世間からはワーカホリックと思われる齋藤だが、むしろ仕事よりも遊びを好む。フリーになってすぐにしたことは、海辺のリゾートマンション購入。いまだに週末が大好きで、月曜日を憎んでる。

音楽好きが高じて、いまではクローズドの音楽サロンを催すまでになった。混声合唱団を作り、部活のように練習を重ねる。いわゆるクラオタの集まり（齋藤曰く「変態的なクラシックオヤジばかり」とのこと）で週末、音楽談義をしているのが一番の幸せだ。

常にA面とB面を持っていないと、生きている気がしないと齋藤は言う。

「若いころから、老後のことばかり考えていました。一体なにをして遊ぼうかと。だからここ10年は、『仕事をするのも、あと何年』と思いながら、成り行きまかせで目の前の仕事を片付けていたら、いまに至ってしまった。なんでだろう……」

多くの時間が仕事で埋まっていても、自分のことを仕事人間だとは思っていないという。

齋藤は著書のなかで、「幸せは女性語」と書いている。

「私が30代のころは、みんな、もっと幸せになりたかった。女性たちが貪欲に幸せを求めた時代でした。そのころは幸せ提案が受けたんですが、40歳を過ぎたころ、20年ぐらい前ですか、女性たちが幸せに満たされ始めたんですね。時代的に一見不幸な女性がいなくなって、私の原稿が古くなった」

　齋藤は初めて、取り上げるテーマに悩んだ。

「じゃあビューティってなんだろうと考えたとき、昔は男にモテたいとか、きれいと言われたいとか、明確な目的があった。けれど2000年ぐらいから、女性はただ普通に美容をしたいと思うようになったんです。目的を求めなくなったように見えました。そのころから、電車でメイクする女性が現れて……」

　美容が他者の存在を必要としなくなったということだろうか。

「そうです。全部自分で完結する。自分のためにメイクし、自分のためにきれいになる。私が思い描いていた幸せと美容の関係が、そこで崩れていきましたね」

　時を同じくして、美容専門雑誌が誕生する。

「幸せって、昔は大きなものだったんです。いい結婚をすれば幸せというような。でも、いまの女性は小さなことにも幸せを感じられるようになった。幸せの定義そのものが変わってしまったのですが、幸せになりたい女性はもちろんまだ大勢いるんです。それはもう本能、サガのようなものだと思います」

　確かに、個体差はあるが傾向として、女は男よりも、自分がいま幸せかどうかに敏感だ。男は競争や成功に価値を見出し、それが幸せかを確かめることすらしない。

しかし、景気は後退したまま停滞し、女は社会に進出し、幸せは誰か頼みで大きくつかみとるものではなく、日常に見出すものとなった。少し前に話題になった、デンマークの「ヒュッゲ」もそうだろう。

冬も夜も長い国で、ホッと一息つける心地よい時間から生まれる幸福感を指す言葉が「ヒュッゲ」。日本もデンマーク国民に倣《なら》えというわけだが、彼の国は福祉国家であり、男女格差も少ない事実は忘れられているのが皮肉ではある。

話を戻そう。『VOCE』を起点とした美容専門誌の誕生と、美容と幸せのあいだに他者が介在しなくなった時期が同じことについて、齋藤は話を続けた。

「美容専門誌は、男性誌におけるバイク雑誌のようなものです。美容が趣味になったんですね。そうしたら、化粧品が大好きなんだけれど、顔になにもつけていない人が誕生した。私以上に詳しいのに、スキンケアをした形跡もない」

手段の目的化、つまり美容フリークになるリスクについて、齋藤は以前から警鐘を鳴らしている。

「余計なお世話なんでしょうけどね。化粧品は個人的なものだし。大昔にも、自然化粧品ブームがありました。心のバランスを少し崩したときなんかに、自然化粧品を拠り所にする流れがあったんです。化粧品って、常にきれいになること以外の目的を持たされてきたんだと思います」

齋藤にとって、美容とはどんな行為を指すのか。

「歯磨きみたいなもの。普通にちゃんとやって、出かければいい。素顔よりきれいになれるのは確かだから、女の人はみんなやるべきだと思うんですけど。でも、そこまで。それ以上、化粧品に対して時間を使うことはない気がする。他のことにもっと時間を使ったほうが、もっときれいになれるんじゃないの？　なんて、すぐに精神論をぶってみたくなるのは悪い癖」

齋藤は、「美容って、結局、人や物を見る目なのだ」と語る。

「たとえば、自分の鏡は、自分のいい顔しか映していないんです。テレビを見ているときの顔は知らない。ほとんど知らないんですね、自分のことに関して。まずそれに気づくことが、あらゆるモチベーションになってくる。変な話ですけども、前に付き合っていた男性を街で見かけたときに、とってもきれいな若い女性を連れていて。それがショックで、家に帰って、思いっきりメイクしたり、美容したりしたことがあるんです。普段はそんなことしないんだけど、シートパックもやって。そうしたら、少し戻ったんです」

少し戻る、も齋藤薫語録だ。

「少し戻るって、大事なんです。放っておくと、人間は普通に歳をとっていきますし、自分にも飽きてくる。だから、なにかショック療法が時々は必要で、きっかけを大切にするということです。元彼に会うのでも、見てはいけない自分の顔を見てしまうのでもいい」

齋藤のエレガンス・スタイルは学生時代からの筋金入りだが、古くは感じさせない不思議な力がある。普通は、どこかで痛々しくなるものだ。

「生意気な言い方をすると、最初に本質を見たんだと思う」

齋藤の書く文章には、ここぞという場所で「本質」が現れる。

「正解にしか興味がないと言ったら偉そうですが、無駄をするのが嫌なんです。私はブラウンのアイシャドウしか使いません。今日はなんと、アイシャドウではなく、本当に怒られちゃうなあ……アイブロウ3色組ってあるじゃないですか。あれを使っています。なぜアイブロウかと言いますと、パールがまったく入っていないから。パレットに無駄な色がひとつもない。3色のグラデーションを混ぜてまぶたに塗り、一番濃いのをラインにし、それだけ。そういうことを学生のころからやっています。ただ、それは『私の場合』でしかない。自分の顔を知るって、本質を見つけるということ」

ファッションも同様だと言う。白いパンツに白い薄手のセーター、首元にはエルメスのスカーフ。よく見ると、ボトムスはユニクロのカーブパンツ。アウターはキャメルのライダースジャケット。本質をとらえたまま、アップデートされている。

「ユニクロ率、高いですね。通販買いもします。このトップスはドゥクラッセ。日本のファストファッションは凄い！」

おどけるように、これもこれもと指をさす姿は少女のようだ。

「ユニクロは常に新品を着る必要があるのだけれど、なにかしらちょっと、セーターの丈とかね、いま風がそれなりに考えられています。これがストーンとしたストレートパンツだったら、きっと古い。そういうものでいかに高級感を出すか、それがいまは面白くって。私、調子に乗ってますか？」

いえいえ、もっともっと調子に乗ってほしいくらい。

「アイテムによってサイズも変えています。このセーターは、ちっちゃく着たいから、Sサイズなんです」

なぜ小さく着たほうが良いとわかるのかと食い下がると、齋藤は、「本質だから」と笑った。

「黄金比ってありますよね。1対1・6幾つっていう数字。パルテノン神殿やハガキも黄金比と言われてますが、あの感覚って目で鍛えるべきものだと思うんです。つまり、バランスを見て、心地よいかどうかを考える。ライダースジャケットはちっちゃい。カーブパンツ穿《は》きたいよね、上がぼってりしてると、すごいデブに見えちゃうね、だらしなく見えたり、古く見えたりしちゃう。だから、カーブパンツを穿くときは、とにかく上をちっちゃく。そういうバランス学です。私は、黄金比のものを山ほど見るようにしています」

ただ闇雲《やみくも》に観察すればいいというわけではないのだ。

「顔だってそうです。気持ちのよいバランスを自分で見つけて、あっ私の顔、いまは髪を下ろすとたるんで見える。だからトップを膨らませたまとめ髪……みたいに補正していく。すると、だんだんそれが自分の顔になっていく」

とどのつまり、化粧品以外のものを見て、培《つちか》った美意識や感覚を基にメイクを施さないと、美は循環していかないということ。ならば私たちは、若さの代わりになにを増やしていけばいいのだろうか。

「口幅ったくて、いい答えにならないかもしれないけれど、知性しかないのかなと思います。歳をとって、いくら若くてきれいで、金持ち風に見えても、決定的に知性がなかったら、汚く見えてしまう。知性がないまま、美しさと引きかえに削れてしまう人生は、送るべきじゃない」

2年前、命拾いをした。

「丈夫なつもりだったんですけど、ステージゼロのがんが見つかったんです。本当に偶然で、お医者さんもびっくりするほど」

医者嫌いを自認する齋藤が、がんを見つけた経緯が興味深い。

「これは強く言いたいことなんですが、自分の体って、自分にしかわからない変化があるじゃないですか。おなかが痛い、この痛みは過去にない種類の痛み、嫌〜な予感。予感で見つかりました」

占い師は「勘がいい」と表現したが、彼女の勘は、あくまで蓄積されたデータに裏打ちされた「なんとなく」なのだ。

背筋をピンと伸ばしたままの齋藤が、目の前のコーヒーに手を付けることは、ついに最後までなかった。

「そうそう、美容界では、過去にないような変化が近々起こると思いますよ。根本から変わってしまうようなものが出てくるかも」

喉から手が出るほど聞きたい話だったが、私は敢えてそれを尋ねなかった。のちに出てくるであろう齋藤薫の紡ぐ文章に、鳥肌を立てたかったから。

（「週刊文春WOMAN」2019年12月20日発売号）

柴田理恵

「自信がついたのは、自分たちがやってきたことが、人の役に立つとわかってから」

しばたりえ／1959年富山県生まれ。俳優・タレント。明治大学卒業後、劇団東京ヴォードヴィルショーを経て、84年に久本雅美らとワハハ本舗を旗揚げし、一躍人気劇団に。現在は舞台を軸に、ドラマ・映画・バラエティ番組などでも活躍中。著書に、趣味でもある着物のリメイクを楽しみつつ、日々丁寧に暮らす様子を写真とともに紹介した『柴田理恵のきもの好日』（平凡社）など。

柴田理恵と聞いて頭に浮かんでくるのは、ひっつめ頭に眼鏡を掛けたあの姿。しかし、ラジオ番組のゲストとして私の前に座った彼女は、長らくテレビや広告で見てきた柴田理恵とは別人だった。髪をおろし眼鏡は掛けておらず、緑がかった琥珀《こはく》色の瞳は、ヘーゼルナッツのように輝いている。強く、美しい瞳だった。まごうことなき看板女優の風格。なぜ、こうもテレビや広告と印象が違うのだろう。

「一昨年（2016年）くらいまでは分厚い眼鏡をかけてたんですけど、白内障になって。そのとき、近眼が解消される眼内レンズを入れてもらいました。誰だかわからなくなると困るから、テレビでは素通しの眼鏡を掛けてるんですけどね」

赤い口紅に、ひっつめ頭と眼鏡。馴染み深い柴田理恵像は、テレビに出始めたころ、自分で決めたという。

「髪型を決めちゃえば楽だと思って。出るたびにメイクさんにいろいろお願いするのも大変だから、ひっつめて頭の上にポンッとつけ毛をのせてくださいって」

面倒が先に立ち、勢いで決めた容姿はトレードマークになった。こんなに長く続くとは、本人も思っていなかったかもしれない。

理恵という名前は父が付けた。「理屈に恵まれるように」という変わった願いが込められているが、これは父が彼女に弁護士になってほしかったからだ。

「理恵って書いて、『よしえ』って読ませようとしてたみたい。『りえ』って、昔はちょっと派手な名前だったんです。学校の先生だった母は、バーの女給のような名前だって嫌がって。たみことか、明子とか、そういう名前が普通だった時代の話。『よしえ』はまだ許されるムードだったらしいんですけど、母の同僚たちから『理科の【り】なのに、【よし】って読ませると小学校に入って苦労する。このまま【りえ】と読ませたほうがいい』って言われて理恵になったと聞きました」

この世に生を受け、期せずして華やかな名前を纏《まと》った柴田は、クラス替えのたびに「どんなかわいい子かと思ったら、おまえかよ」と落胆される羽目になった。名前から連想される容姿は確かに存在するが、なんとも忍びない話だ。余計なプレッシャーを背負いながら、柴田はどんな幼少期を過ごしたのか。

「女の子然としたものは、ほとんど着せてもらえなかったかな。お下がりは母の同僚の息子の服ばっかり。ずーっと、ズボンしか穿《は》いたことなかった。色は青とか紺」

柴田はひとりっ子だ。両親はともに仕事で帰りが遅く、祖父が彼女の面倒を見た。祖父は家事が得意で、柴田も小学生のころから料理を嗜《たしな》んだ。真面目でおとなしく本ばかり読んでいたが、ひょんなことから中学時代に山本リンダの物まねで友達に大受けし、全身に鳥肌が立つような感動を覚えた。柴田は高校入学と同時に演劇部に入る。

柴田の著作には「私なんてブスだし、デブだし」という言葉が頻繁に出てくる。そう自認していた女子が、なぜ女優を目指したのか。歌まねが受けたなら、歌手を目指す道もあったはずだ。お笑い好きなら芸人もいい。「ブスだし、デブだし」から女優までの距離を、柴田はどう縮めたのか。

「歌がうまいとか、踊りがおどれるとかじゃなかったですもん。女の人でお笑いをやるとしたら、その頃は漫才師くらい。女性のコントグループもいないし、芸人さんなんか全然いなかった。ほら、女優さんていうのは、テレビや映画に出てる特別な人でしょ？　だけど芝居って、そこが自由だった気がするんです。舞台にはいろんな人がいるから、私が目指してもいいんじゃないかなって。それで演劇部に入りました。入ったからにはただの部活動じゃなくて、なんでもいっぱい見たいと勤労者演劇協議会に入りました。入会すると2カ月に一度くらい富山に来る本物のお芝居が観られたんです」

東京で一旗揚げたかった父と、地元の歴史ある旅館に生まれながらも独立心旺盛な母は柴田の熱意に理解を示し、観劇の日は終バスで帰ってきても怒らなかった。それでは飽き足らず、柴田は唐十郎、寺山修司など東京で流行っていたアングラ演劇を専門誌で眺めては、どんなものかと夢想した。

演劇熱が高まった柴田は、東京で芝居の勉強をすると心に決める。ならば大学に入ってしまうのが一番手っ取り早い。親には教員になるとほのめかして上京したが、退路を断つため教職課程はひとつも履修しなかった。

演劇で食べていきたい。お笑いも好きな自分を活かせる劇団はどこか。熟考の末、柴田は当時爆発的な人気を誇っていた佐藤B作主宰の劇団、東京ヴォードヴィルショーの門を叩く。劇団員の募集はなかったが、開かずの扉を叩き続け、無理やり体をねじ込ませた。

柴田はここで演劇の楽しさを存分に味わい、やがて、いつか叶えたいと願う夢も生まれた。

「当時、特にお笑いでは、女は男の添え物みたいでした。ヒロイン役とブス役がいれば成り立ったんですよ。でもね、東京ヴォードヴィルショーと同じくらい人気のあった東京乾電池っていう柄本明さんたちの劇団には、お姉さん格の女優に松金よね子さん、岡本麗さん（非所属だがゲスト出演）、田岡美也子さん、もう少し下に角替《つのがえ》和枝《かずえ》さんがいたんです。私たちは添え物的な存在なのに、東京乾電池は女たちだけでガンガン作っていく即興芝居をやってた。あれに憧れて。久本（雅美）と一緒に見に行って、『ああいう風に、女だけでも笑いがとれるようになりたいね。私たちはまだまだ添え物だけど、いつか男たちを向こうに回して、女だけでお客さんを笑わせられるようになりたいね』って、なんにもできないころから夢を語ってました」

東京ヴォードヴィルショーに骨をうずめる覚悟だった柴田の転機は、意外にも早く訪れた。ふとしたきっかけは、劇団員になって3年目の出来事。

新劇出身者たちが作った東京ヴォードヴィルショーは10周年を迎え、より本格的な芝居を目指すようになる。しかし柴田たち若手は、もっと馬鹿なことをやり切りたかった。

当時、東京ヴォードヴィルショーには喰始《たべはじめ》という鬼才の作家がいた。彼のもとで初めて若手公演を行ったとき、喰始は柴田たちに「ちんぽこがどんなにすごいかを世の中に宣伝するCMを考えてこい」と妙なことを言った。

お題はなんであれ、自分たちで一から考える初めての作業。若手にはこの上なく新鮮だった。ひとつことを真剣に考え、「これ、面白いじゃない！」と言われる喜びを知った。添え物ではないと感じる瞬間があったのだ。

自分たちの演劇をやりたい。そう思い始めた柴田に、もうひとつの事件が起きる。

「東京ヴォードヴィルショーの公演で、客演に松金よね子さんと岡本麗さんと田岡美也子さんの3人を呼んだんです。どうして？　と。私たちが若手公演をやっているのは、B作さん、あなたに認められたいからですよって。なのになぜ、外から3人も。私たちの目標になる女優を一人呼んでくるならわかる。でも、なんで3人もって尋ねたら『飲み屋で決めた』って言われたの」

「飲み屋で決めた」は柴田家の女を奮い立たせるマジックワードだ。教師だった柴田の母は、職員会議で決められるべき数々の議題が、会議のあと「男だけ」で訪れる飲み屋で決められることが許せなかった。からくりを知った母は、飲み屋にも麻雀にも、徹底的に付き合ったという。

柴田の母は、自分が被害者の立場に留まることを絶対に許さなかった。不平等な環境でも自分を認めさせる労力を惜しまない、意地と根性を持ち合わせたパワフルな女性だ。

大変だったのは、夜中に帰ってきた酔っ払いの母を介抱する柴田。母は父と外で飲んで帰ってくることも多く、子ども時代は帰宅した両親の布団を敷くのが日課だったらしい。

柴田自身にも、母の負けん気の強さを引き継いでいる自覚がある。当然、劇団上層部の「飲み屋で決めた」発言に反発を感じた。

「それはないんじゃないかと。私たちだって一生懸命やってんのに、そういうことすんのかよって、ちょっと思ったんですよ。だったら私は違う可能性に賭けたい。それでB作さんに辞めたい旨を伝えたら『じゃあ今度はいい役やるから』って言われたの。それが嫌だった。そういう話をしてるんじゃないんですって言って」

若く、夢と希望に満ち満ちていた柴田のことを思うと、胸が潰れそうになる。いい役は、認められて勝ち取るものであるはずなのに。なにかと引き換えに授けられるものではないはずなのに。どんなに悔しかったことだろう。

「そのときにB作さんが言ったんですよ、『劇団は作った者のもの』って」

ならば、と奮起した柴田たち若手は、劇団ワハハ本舗を立ち上げた。多くの労を取ってくれた喰始は「これからは自分たちで脚本《ほん》を書ける役者が必要になる。男社会でもなくなるから、女だけのシーンを作りましょう、女だけでお笑い作りましょう」と、力強く柴田たちに語り掛けてくれた。柴田を始めとした女優たちは女性だけのグループを作り、試行錯誤を繰り返した。

劇団創立後しばらくして、柴田の胸に佐藤B作の言葉がふとよぎる。言われた通りだった。劇団は、作った者のものだった。

「劇団を維持していくのは、想像を絶するほど大変なことでした。劇団員を育てるためだけにやってもダメなんです。世の中に打って出ていかなきゃいけない。長く続けるためには大きくしてもいかなきゃいけない。いまから考えれば、B作さんのあの選択は間違ってなかったんですよ。あの女優たちは必要だった。いまならわかるんです。でも、あのころはわからなかった」

一念発起で始めたワハハ本舗だったが、迷いも生まれた。長年続けていた清掃アルバイトの最中、柴田はエレベーターのドアを鏡代わりにダンスの練習をしていた。ふと見ると、そこには冴えない掃除のおばさんが映っていた。

「掃除のおばさんが踊ってると思ったとき、愕然《がくぜん》としたもんね。あー、女優だ芝居だって思ってるのは自分だけで、周りから見れば、ただの掃除のおばさんだよなって、すごく思いました」

俯瞰《ふかん》の目に囚われ、夢をあきらめそうになった女はゴマンといる。柴田もその穴にはまった。

「当時は25歳か26歳。やっぱり行き詰ってたと思うんですよね。意気揚々と劇団を始めはしたけど、人を笑わせることはなかなか難しい。こんなはずじゃないって、焦ってる時期でした。他の人はみんなできてるような気がするんですよ。自分だけができない」

柴田は、その深い穴からどう抜け出したのか。

「私なんかもうダメだと思ってるときに、劇団の仲間が『柴田、こういう風にやれば？』って言うわけですよ。『俺が見てる柴田のいいところって、こっちじゃないかな』と、真剣に。それまでは意地を張って聞く耳も持たなかったけど、あのときは自分を信じる力もなくて。だから素直に『へえ、じゃあやってみる』と。すると『そうそう、面白いじゃん』『あー、本当だ！』って。そういう作り方をやった。すると自分も『こうやってみたら、こっちのほうが面白いよ』と行き詰ってる人に言えるようになって。みんな行って来いなんですよ。お互い提案ができるようになって、私は助かった」

八面六臂《はちめんろっぴ》の活躍をするようになったいまでも、ワハハ本舗という劇団が、彼女のホームであり続けることがよくわかるエピソードだ。ワハハ本舗は柴田にとって、迷ったとき、立ち止まったとき、見上げた空に浮かぶ北極星。道しるべなのだろう。

とは言え、劇団という枠を飛び出した先で、ありたい自分と求められる自分の姿が乖離《かいり》することへの恐怖はなかったのだろうか。

「うん。求められることをやっていけば、やがて、やりたいことができるんじゃないかって。そのほうが早いんです、なんか」

明るくて、人が良くて、おせっかいで、よく笑う。ヘアメイクもファッションも、いつも同じ。柴田が演じるステレオタイプのオバサンは実在しない。私たちが観ている柴田理恵は、あくまでマスメディア向けの「柴田理恵」役なのかもしれない。本業は、やはり板の上の舞台女優なのだ。

事実、女優・柴田理恵を目の前にすると、長い時間をかけ、とてつもない量の視線を一身に引き受けて養った、出役《でやく》としての底力が全身に漲《みなぎ》っているのがハッキリとわかる。

私はこのままで大丈夫、と自信がついたのはいつからだろう。

「自分たちがやってきたことが、人の役に立つとわかってから」

柴田は答えた。

柴田を見て励まされた人がいた、という類いの話ではない。柴田が『週刊こどもニュース』（NHK）に出演していたときのこと。当初は母親役の柴田が父親役の池上彰に質問するスタイルをとっていたが、柴田はこれに違和感を持った。子どもが言いたいことを言っているのが、良い家の在り方ではないか。

「お母さんは30分黙っててもいいやって、子役たちに『ここだ！』ってときに合図を出すようにしたんです。すると、子役が『あのー』って質問するようになった。子どもたちが生き生きし始めたって言われて、あー良かったたって」

番組でコントをやる際には、柴田が駄洒落を考えることもあった。

「ワハハでやってきたことと同じ。私のやり方はこれでいいんだって」

柴田は芝居に出るだけでなく、芝居を創る人間でもある。

ありきたりな問いだが、私は柴田に尋ねた。女優は、どんな人に向いている職業なのか。

「それしかできない人じゃないかな。なんか、あきらめの悪い人。これだけはやめられないのよねーって人。面白くなると色んなことを忘れちゃう、そういう人が続けてるんじゃないかと」

ご自身は？　と尋ねると、柴田は少し思案したのち静かに「多分、そうだと思います」と答えた。

柴田の父は「なんのために生きているのか」と問う娘に「おまえのために生きてる」と答えたことがあるそうだ。柴田はいま、なんのために生きているのだろう。

「表向きは家族のためとかですけど、結局は自分のためなんですよ。そこがダメなところで、ダメな人しかこういう仕事しちゃいけないんですよ」

大学時代に付き合い始め、劇団公演の一環で結婚式を挙げた夫を持つ柴田は、自分に言い含めるように言った。

柴田の著書に「子どもはやっぱり、零歳から三歳まで母親が一緒に居てあげるべきだと思う」という一文を見つけたとき、これは柴田の叶わぬ願いではないかと思った。母は柴田を保育園に預けると、振り返ることなくスタスタと仕事へ向かう人だった。彼女が積極的に子どもを持とうとしなかった理由が、ここにあるような気がした。

「母からは、バッカだなーって言われましたけどね。子どもがいるとどんだけパワー出るか、あんた作ってよかったよ、仕事にすごいパワー出たからって言われたけど、ま、職種が違うと思って。なんか役者って、もっとダメな生き物だって思うんですよ」

裏を返せば、役者という仕事にはダメを許容する懐の深さがあるのだろう。

柴田は繰り返し己のダメさ加減を強調するが、そんなはずはない。

「私、家事は好きなんですよ。家をちゃんとするのが好き。休みの日は家から一歩も出ないし。だからね、もし子どもを持ったら、夢中になって芝居なんか二の次になった気もするんです。自分で予防線を張って、子どもを持たなかったってところもあります」

柴田の声は明るかった。彼女のなかでは既に解決したことなのだ。

「ありがたいことに、芝居はやってくるし、仕事も来るから。そこで鞭《むち》を当てられてます。自分のことしか考えてない癖に、そこまで自分本位じゃない。なんて言ったらいいかな」

私が勝手に代弁しよう。柴田は、人のために生きる人生を歩んではいない。限りなく自分本位だ。と同時に、他者がそれで割を食うことを許さない。自分の我がままのツケは、自分で払う。

「これからどうなりたいかは、ちょっとまだわからないけど、どういう状態でいたいかはわかります。面白い芝居の中に、身を置いていたい」

周囲には感謝しかない、と柴田は言う。私が知る限り、周りに感謝を重ねる人は、夢が叶った人だ。

出会いに恵まれたことには違いない。しかし、富山の演劇少女は自力で夢を叶えたのだ。舞台という太い背骨に貫かれ、彼女は今日もここに立つ。

（２０１８年12月29日発売号）

君島十和子

「出会った人と、出会った出来事で成り立っている」

きみじまとわこ／1966年東京都生まれ。高校在学中にJAL沖縄キャンペーンガールに選ばれデビュー。『JJ』専属モデルを経て、88年、NHK銀河テレビ小説『新橋烏森口青春篇』で役者デビュー。テレビ、映画、舞台と活躍するが、95年、結婚を機に芸能界を引退する。その後、2005年、化粧品ブランド「FELICE TOWAKO COSME（現・FTC）」を立ち上げ、クリエイティブディレクターとなる。

東京の一等地、表参道に面して建つメタリックなビル。ここに、君島十和子がクリエイティブディレクターを務める化粧品会社のオフィスが入っている。エレベーターを降りて真っ白な扉を開くと大きな熊手が目に入った。

「これは（新宿の）花園神社のものなんです」

十和子が柔らかい笑顔で答えた。長い髪はハーフアップにまとめられ、ヒナゲシのような朱赤のリブセーターがよく似合っている。

商人には馴染みの深い酉《とり》の市《いち》。11月になると神社仏閣へ参拝し、商売繁盛と家内安全を祈り熊手を買い求める。商売が大きくなるように、毎年少しずつ熊手を大きくするのが流儀だ。

1980年以前に生まれた女なら、君島十和子のことは少なからず知っている。美容家として認識する人もいれば、90年代半ばの喧騒で記憶が止まっている人もいるだろう。

「神様にお願いするとか、宗教に関心がある環境で育ったわけではないんです。でも、長く人生を重ねていると、もう人の努力だけではどうにもならないことって本当にあるなって」

1995年12月。女優の吉川十和子はファッションデザイナー君島一郎氏の息子である君島明氏（のちに改名し君島誉幸《たかゆき》）と金屏風の前で会見を行い、世界に誇るメゾンの御曹司と美人女優の婚約は大々的に報道された。誰もが華燭《かしょく》の典《てん》を心待ちにした。「一緒に人生を生きていくと決めたのだから、一番の味方であり同志であるということは、忘れないでいようと思います」

大勢の芸能記者を前に、29歳の十和子は控えめな笑顔で語った。彼女にとっては、事実上の女優引退会見でもあった。

私には、そのあとのことが強く記憶に残っている。のちに十和子は自著で「母が庭で洗濯ものを干していると、近所の人から『娘さんをあんな家に嫁がせてはダメ』って言われるような、日本中誰一人賛成してくれない結婚だった」（『十和子道』〈集英社〉）と記した。

君島誉幸氏の複雑な家庭環境について報道されたのは、婚約会見の数日後。両家の親や十和子の所属事務所社長を巻き込んだ壮絶な応酬が連日ワイドショーを賑わせたが、誉幸氏と十和子は周囲の騒音をよそに、約二週間後に入籍する。

入籍の7カ月後には、義父の君島一郎氏が急逝。まもなく、正妻の息子と誉幸氏の対立が取りざたされるようになる。いまでは考えられないほど、プライバシーに土足で踏み込むような報道ばかりだった。

「ＫＩＭＩＪＩＭＡはパリコレに何度も出たことがある、上流階級や皇室の御用達ブランドだ」、「吉川十和子は玉の輿に乗った」。そう持ち上げていた人々が手のひらを返し、ねっとりと二人の凋落《ちょうらく》を待ち望んでいた。誰もがすぐ離婚すると信じて疑わない結婚だった。

大方の予想に反し、幸せな結婚は現在も続いている。十和子の名を冠したコスメブランドＦＴＣは今年（２０１９年）で創設15年目。社長は誉幸氏。十和子は商品開発担当のクリエイティブディレクターであり、メディアでは広報的な役割も務める。

ＪＡＬのキャンペーンガールを務めたとき、十和子は19歳だった。あの頃から雑誌や画面越しに姿を見ているが、彼女の美は常に更新されている。威圧されるほどのゴージャス一辺倒だった時代とは違い、現在の十和子からは茶目っ気すら感じる。と同時に、52歳になった十和子の顔には明確に「私には伝えたいことがある」とも書いてある。居場所を見つけた者の顔だ。

「これまでは本来の自分を出す場所もなかったですし、出して良い立場でもなかったように思います。いまは表面的なキレイだけを見せていても人はついてこないでしょうし、そんなのはもうタイムリミットがとっくに過ぎている。もっと本音のところ、人間としての面白みを出していかないと」

右も左もわからぬまま商家に嫁いだが、いまや立派なビジネスウーマンだ。よく手入れされた庭に咲く花のようなたおやかさは昔と変わらないものの、それは風に揺れる可憐な花でも、支柱なしでは倒れてしまうか弱い花でもない。土中にしっかりと根を生やし、自らの力で咲き誇る大輪の花だ。

芸能人だったころの吉川十和子は、所在ない顔をした美人だった。

「20代って、若くて綺麗な時期のはずですよね。でも、そのころの写真を見ても、自分らしいとも綺麗だとも思わないんです。写真の向こう側、カメラマンやスタッフの表情ばかりが思い出されて。どんな気持ちでスタジオに行ったとか、不安だったことばかり」

1966年5月、十和子は大田区で生まれ、幼稚園から高校までを日本女子大学の附属校に通った。

「女子校の良いところは、ひとつの目的に向かって、全員で同じスタートラインに並び、自分がなにをすべきか夢中で考えるところ。男女の役割分担も当然ながらない」

小学校高学年になり、宝塚歌劇団に出会った。『ベルサイユのばら』や『風と共に去りぬ』に胸を焦がし、いつかあの舞台の一部にと願うようになる。

「子どものころから、様式美が好きなんです。私の根底には、決まった形式の中の表現に共鳴するなにかがあります」

母からは「もう間に合わない」と言われたが、諦めきれず宝塚受験の教室へ電話を掛けた。「一度、見学にいらっしゃい」と言われたが、行けなかった。思春期の十和子には、大切な決断をすべき場面で二の足を踏む癖があったのだ。

引っ込み思案になったのには理由がある。いつからか、皆と同じことをしても自分だけが目立つようになったからだ。

こんなこともあった。

「知らない人に道を尋ねられ答えていると、最後には『お名前教えて』と言われるようなことが、一度ではなかったので」

小学校6年生のことだったと言う。なんと胸の痛むエピソードだろう。困った人を助けたいという少女の善意を邪《よこしま》に踏みにじる大人がいたなんて。人より美しく生まれると、時に他者と分かち合いづらい残酷な経験を、ひとりで抱えることになってしまうのだ。

その後、宝塚に関して「一歩踏み出さなかった後悔」が拭い去られることはなかった。だから、両親の反対を押し切り大学進学を諦め、キャンペーンガールになった。ここで一歩踏み出したことが、その後の彼女の人生を大きく変える。

のちに雑誌『JJ』の専属モデルになった十和子は、バブルの好景気に乗り女優の道を進む。

「いま思えば、時代が求める見た目どおりの女性を演じるべきだったんでしょう。ちょっと華やかで、贅沢で、高嶺の花みたいなものを。でも、そこには内面の自分と相当な乖離《かいり》があったので、なかなかできませんでした。不器用だったなって、思いますねえ」

著書でもインタビューでも、十和子は自身を「不器用」と評す。

「カッコよく言えば不器用だし、ありていに言えば、馬鹿だった、経験不足だったんでしょう。理解が足りず、掘り方が甘かった」

私がまだ10代だったころのこと。テレビをつけると、ある深夜番組に吉川十和子が出ていた。司会者の男は遠慮なく十和子の容姿を褒めそやし、露骨に好意を示した。

十和子はうまく躱《かわ》すでもなく、怒るでもなく、戸惑いを隠さずに立ちすくんでいた。画面からぎこちない空気が染み出してきたのをはっきりと覚えている。美しい女はそういう場面で軽口をたたき、いなすのが通例だと思っていたので驚いた。

私見ながら、彼女の挙動不審は典型的な女子校育ちのなせる業とも言える。学生時代に美貌によるアドバンテージを享受したことがない美女は、社会に出てから苦労するのだ。仕事が終われば真っ赤なスポーツカーが迎えにくるのが吉川十和子だと思っていたが、実際には現場から小田急線で帰っていたという。

「私より美しい人なんてたくさんいるじゃないですか。でも、そんなことを言えばぶりっ子と言われてしまう。そこも乗り越えなきゃいけないのに、できませんでした。素人感覚が抜けなくて、芸能人と同じ場に立っていることを引き受けられなかった。いつも及び腰だから、どこにも到達できない」

根が真面目なのだ。やるなら真剣にと、演劇研究所にも1年半通った。外郎売《ういろううり》の台詞から始まり、古典芝居を一から十まで覚えた。その甲斐あって、20代後半に十和子は舞台の仕事に目覚める。宝塚好きの血が騒いだか。

「みんなで同じスタートラインに立ち、目標に向かう欲求が常にありましたから。男も女も演者も裏方さんもみんなで作る。毎日の積み重ねで作りあげる喜びです」

27歳になると、1年の半分以上が舞台の仕事で埋まるようになった。与えられた役割がある限り、人の何倍も努力し、周りの助けを借りてでも全力でやり遂げよう。十和子はそう決めた。

仕事を辞める気は毛頭なかった。結婚するなら、女優業を理解してくれる同業者だろうと思っていた。

28歳、ブライダルの仕事で君島誉幸氏に出会う。彼女をモデルに選んだのは、のちの義父、君島一郎氏だった。

誉幸氏とは、結婚を決めるまで数えるほどしか会わなかった。それでも、同じ価値観と女性へのリスペクトを持つこの人とやっていこうと誓った。

女優もメゾンの妻も、片手間では務まらない。後悔したくない気持ちがつのったとき、彼女の踏み出す一歩は普段の何倍にも大きくなる。十和子は引退を決意した。

その後の喧騒は、先述の通りだ。

当時、スキャンダラスに報じられた後に二人が受けた、ワイドショーのインタビューがある。十和子は強い意志を宿した瞳で、大御所レポーターにこう言った。

「これから起こることは誰にもわかりませんよね。いまは二人揃って乗り越えていこうという決意のもとで、私はこの結婚に乗り出したと思ってますので、その覚悟はしております」

言葉には、食って掛かるような勢いが静かに漲《みなぎ》っていた。

「あのとき、目前にいる芸能レポーターの方がなにを望んでるのか、顔に書いてあったんです。それに負けたらすべて、私だけじゃなく、私の味方になってくれた人さえも傷つけることになると」

持て余していた不器用さが、類いまれなる強さに変換された瞬間である。

結婚から23年。夫の姿は、十和子本のあちこちに登場する。十和子の瞼《まぶた》に輝くラメのアイシャドウを見て「砂場で転んだの？」と揶揄《やゆ》し、「ロングヘアがイタくなったら言ってあげる」とお節介もする。小気味よい辛辣《しんらつ》さは、まるで長年の女友達のようでもある。

「女子マインドですよね。オフィスから帰るとき、エレベーターでふと彼のほうを向くと、じーっとメイクのよれた私の顔を見ているんです。『うわっ！　劇的ビフォーアフター』って」

誉幸氏のエピソードで私が最も好きなのは、「ゆで卵が得意料理」と言って憚《はばか》らなかった十和子が、ご飯を初めて炊いたときの態度だ。「洗剤で洗ってないよね？」とジャブを打ちつつも、たいそう褒めてくれたという。

十和子はそれを昔の料理下手エピソードとして披露するが、できることが増えたと手放しで褒めてくれる伴侶の存在は心強い。褒めたのは夫だけではない。義理の母もだった。

義母は職業婦人だった。

「働く女が家庭を整えておく意味を、義母との同居から学びました。働く女は家を空けることが多い。人に任せなきゃいけないことも多い。だからこそ、誰にどこを開けられても、きちんとしていなければというマインドが義母にはありました。会社の誰かが来て雑巾が入っている棚を開けようとも、まったく恥ずかしくない状態だったんです」

プレッシャーはなかったのだろうか。

「ところが、義母は君島一郎とはまったく別のオートクチュールサロンを経営しており、多いときには15人ほどのお針子さんを抱えていたんです。なにもできない若い女の子というものを知っていた。だから、私にも始めから高いレベルを求めてはきませんでした」

結婚当初は女優の仕事も残っていたが、肌着の洗濯から炊事まで、なにも言わずに義母がやってくれた。

「義母からは、『最初からできるとも思ってないし、やってほしいとも思わない。できるところから学んで、真似したいところだけ真似すればいいわ。結局、あなたが家庭を作るわけだから』と言われていました。ありがたかったですね」

結婚当初は家の中にしか平和がなかったと、十和子は言う。

「半年前に初めて会った人をお義母さまと呼び、手を取り合って生活する毎日。ワイドショーでは懇切丁寧に義母の過去が放送されていましたが、事実に反することがあったら内容証明を送らなきゃいけないからメモしておくようにと弁護士さんに言われていて。知る必要のないお互いの過去が次々とさらされるのを、家族揃ってお茶を飲みながら見ていました。義母と対立する思いも、時間もなかったんです」

十和子には、洗い終わった洗濯物を乾燥機に2〜3分掛けたあと、床の上に敷いたシートに1枚ずつ広げ、しっかりとしわを伸ばしてから干す習慣がある。これは義母のスタイルをアレンジしたものだ。シルバーと漆器の扱いも義母仕込み。絶対に離婚すると手ぐすねを引く世間とは裏腹に、君島家では有機的な営みが育まれていた。

嫁姑の諍《いさか》いや、若い女と中年女の対立。十和子が女優だったころは、こうした決まったフォーマットが消費され続ける時代だった。

十和子の転機はいつを指すのか。

「キャンペーンガールになった19歳と、求められることと自分の表現したいことが少しずつ一致しだした27歳ごろ。遅いんですけど。そして結婚と、化粧品をやろうとなったときですね」

化粧品事業に本格参入するまでの間も、十和子は役割探しに必死だった。

「1歳数カ月の娘を抱えて沖縄や……串本ってわかります？　和歌山県最南端の。長年の顧客のマダムからの要望で、各地のお洋服屋さんで行われるＫＩＭＩＪＩＭＡの受注会に娘を連れてお邪魔していました。連れていっても、子どもは先方の社員さんに委ね、私は専《もっぱ》らお客様のお相手……と言っても生地や縫製についてはシロウトなので一切立ち入らず、その代わりに自分にできた着こなしのアドバイス、その服の雰囲気に合うメイクや髪型をオススメしていました」

十和子の話は好評で、やがて受注会で美容講座を行うようになった。

ある日を境に、十和子は風向きが変わったのを感じた。

「女性誌『25ans』から美容の取材がきたんです。それまでは、マスコミとの接触といったら身構えるしかありませんでしたけど、『25ans』の取材は私が独身だったころとなにも変わらなかった。使っているお化粧品の話だけ。主人のことも子どものことも、家庭のことも聞かれなかった」

十和子の記事が掲載されると、編集部には問い合わせの電話が殺到したという。

「時代の変わり目にいることが多かったと思います。私が20代のころは、結婚したら髪を切り、お化粧もしなくなる時代でした。既婚と未婚の友達が集まると、一目でわかるほど外見が分かれていて、お互いが優越感を持っているような……。でも、いまってその境目がないと思うんです。当時は赤ちゃんを抱いてハイヒールを履いていると批判されたけど、いまは誰もそんなことを気にしない時代でもあります」

結婚前、誉幸氏は十和子に「女性にはいくつになっても綺麗でいてほしい。年齢ごとの美しさがあるから」と語った。十和子はその言葉を信じた。

結婚した女が「女のまま」でいることが許されなかった時代、十和子はずっと偏見の最前線で戦ってきたのだろう。

時を同じくして、誉幸氏は継承したＫＩＭＩＪＩＭＡの運営に追われていた。

「私が嫁いだころは、『お客様、この生地はリントンのツイードで、もう二度と手に入りません。海外ブランドも使っている品です。一生モノです』と言えたんですけど、ファストファッションが流行り、少しずつ『一生モノ』という言葉が陳腐になってしまった」

化粧品事業に参入すると決めたのは、皮膚科医の経歴を持つ誉幸氏だった。

「君島一郎の願いでもありました。クリスチャン・ディオールやシャネルなどのブランドがコスメティックを展開する流れがヨーロッパにはありましたので、主人が皮膚科医になった時点で、いずれという思いはあったと思います」

キャンペーンガール時代の日焼け肌を回復するのに苦労した経験から、十和子はスキンケアに人一倍詳しかった。「特別なことはしていません」が女優の常套句《じょうとうく》だった90年代初頭から、ふたつの手鏡を90度の角度で持ち眉を描く方法や、お気に入りの基礎化粧品を惜しげもなく雑誌で紹介もしていた。

消費するのは女なれど、化粧品業界は完全なる男社会だ。始めは「奥さん、なに言ってるんですか」と取り合ってもらえないこともあったが、そんなときは元皮膚科医の誉幸氏がすかさず援護射撃をしたという。まるで夫婦《めおと》あきんど物語だ。

「そうなんです。『昭和枯れすすき』みたいな話になっちゃうんですけど。専門用語では伝えられなくても、求めるものは具体的に頭の中にあった。だから、たどり着けたんだと思います」

業界のルールを知らず、2月後半には売り上げが上がりはじめる日焼け止めの商品発表会を季節外れの6月に行う失敗もあった。販売数量が最多となる季節の直前に発表しても遅いのだ。

「化粧品の価値って、2回目を買うか買わないかで決められると思う。良いと思っていただいても、その価値に納得がいかなければ2回目は買っていただけない」

試行錯誤の末に完成したUVパーフェクトクリームは、現在4代目となる。

「私が最初に壁にぶち当たる人でありたい。そしてお客様に伝えるんです。同じ失敗をしてほしくないから」

二人の結婚後、君島一郎氏は週刊誌のインタビューで「これだけ騒がせたのだから、誰にも迷惑を掛けない夫婦になってほしい」と言った。そもそもの発端はどこだとツッコミたくもなるが、誉幸氏はその言葉を守ったのだろう。数年前、テレビに電話出演した誉幸氏は「KIMIJIMAは倒産ではなく、廃業です」と主張した。取引先に迷惑を掛ける倒産と、負債を整理し事業を終了する廃業では雲泥の差がある。事業継承時、誉幸氏はまだ31歳だった。十和子も長女が幼稚園の受験に合格したとき、初めて世間に認められたような気がして涙を流したという。君島一郎氏の没後ずっと、夫婦は自分たちが信用に足りる家族だと、世間に認めてもらうよう奮闘してきた。

類いまれなる美貌も恵まれた環境も、自ら選んだものではない。しかし、「美人だから」、「御曹司だから」と身の丈を優に超えた重責を背負わされ、同時に「あなたにできるの？」と品定めをされる。

与えられた環境に感謝し、最善を尽くしたところで世間は簡単には認めない。彼らは証明し続けなければならなかった。

「結婚するしないで騒がれているときに、見ず知らずの人から脅しのような手紙が山ほど来ました。その一方で、独占インタビューや出版を持ちかけられ、あり得ない金額を提示してくる人もいた。世の中の表と裏、日向と日陰を一度に目にすることができ、なんとかブレずに初志貫徹できたなと思うこともあります」

簡単に別れるわけなどなかった。十和子の座右の書は、障害者郵便制度悪用事件であらぬ容疑を掛けられ、164日間の勾留の末に無罪を勝ち取った村木厚子の『あきらめない』（日経ビジネス人文庫）だ。

仕事に没頭し過ぎてしまうこともあるが、朝5時半に起きて、部活の朝練がある高校生の次女の弁当を作るのは忘れない。

義母はケアホームに居を移した。

「大病を二度も克服し、食事にも制限がある。老いる現実をつぶさに見せてくれるのも義母の愛だと思っています」

年を経て、十和子の好きな言葉は「人事を尽くして天命を待つ」から「人間万事塞《さい》翁《おう》が馬」に変わった。

「出会った人と、出会った出来事で成り立っている。そう思えるようになって変わりました。いろいろありましたけど、おかげでいまだに顔と名前を覚えていただいているんですから」

君島十和子、なんとタフな女だろう。

（2019年4月26日発売号）

大草直子

「あらゆることをやってます。それは自分を好きでいられるためのステップなんです」

おおくさなおこ／1972年東京都生まれ。立教大学卒業後、婦人画報社に入社。『ヴァンテーヌ』のファッション編集者時代にサルサと衝撃的な出会いを果たし、中南米に遊学するため退社する。半年後に帰国し、27歳でフリーランスでの活動をスタート。1男2女を育てながら、スタイリングディレクターとして活躍。現在はWEBメディア「AMARC」を主宰する。

ミドルエイジの女性から厚い信頼を受けるスタイリングディレクターの大草は、就職活動で第一志望だった婦人画報社（現・ハースト婦人画報社）の女性誌編集者から、自身のキャリアをスタートさせた。26年前のことだ。中学校時代の文集に「ファッション雑誌の編集者になりたい」と記し、その夢を叶えた形になる。

婦人画報社と言えば、大草が就職した当時は企画立案、執筆、スタイリング、撮影手配のすべてを編集者がまかなう特殊な出版社として知られていた。一般的には、スタイリストやライターは外注し、編集者は企画と進行管理に徹するものだ。

「あの出版社を志望する人は、全部をやりたいから受けるんです」

誌面やインスタグラムでよく見る人懐こい笑顔で、大草は言った。スレンダーな体のラインを適度に拾うPRADAのネイビーのセーターに、後ろで無造作に結わいたひっつめ髪。若作りとは無縁のインディペンデントなスタイリングに包まれた体は、滞《とどこお》りを一切感じさせない。威圧的ではないが、気圧《けお》されるエネルギーに満ちている。

会社勤めの編集者だった大草を、いつしか世間はスタイリストと呼ぶようになった。近著『飽きる勇気』（講談社）によれば、20年前の独立直後の名刺には、敢えて肩書きを記さなかったという。肩書きは「仕事をくれる人」が決めてくれると思っていた。

自らを「こだわりがない」と評する大草は活躍の場を広げ、２０１９年からはＷＥＢメディア「ＡＭＡＲＣ（アマーク）」をローンチ。商品開発やコンサルティングも手掛けている。

「私がやりたいことはトレンドを紹介することではなく、全部を経験して伝えることです。だから商品もたくさん買う。買って、体験して、それを人に伝えたい。伝え方は本でもいいし、雑誌でもかまわないし、ＳＮＳでもYouTubeでもいい。自分という体を通して、それを言葉にして伝えるということだけ」

家族はベネズエラ人の夫と、３人の子どもと猫。地に足の着いた生活が窺《うかが》えるインスタグラムのフォロワーは30万人を超え、ファンは増える一方だ。

大草は、名門国立校である筑波大学附属小学校に入学し、高校まで進学した。高校時代にはアメリカへ1年間留学もしたという。経歴を知り、なるほど、粘り強く真面目な努力家で、健やかな自尊感情を持ち、そう簡単にはへこたれない馬力の持ち主だろうと察した。

社会の荒波に揉まれるには心強いが、加減がわからずやり過ぎるきらいがある気質だろう。「下から国立」の内部生ならなおのこと。奇しくも別の国立校に幼稚園から中学まで通った過去がある私にはよくわかる。大草と私の学び舎《や》は近隣にあり、歳も1歳違い。幼いころに駅ですれ違っていたかもしれない。

国立育ちには、下から私立の子女とはまた異なる特種な性質がある。私がそれを自覚したのは、学外に出てからだった。それまでは、「頑張ればあなたはなんにでもなれる」という教育を徹底して授けられ、世の中はそういうものだと信じ込んでいた。

実は「なんにでもなれる」には裏があり、蓋を開けてみれば、子女の親は医者や弁護士、官僚や銀行員ばかり。そういった既定路線からはみ出ない限りは出自が有利に働く仕組みで、事実、同級生には医者や官僚になった者も多い。既定路線から外れた夢を持つ者は、当然それなりに苦労をする。しかし、努力すればできるという信念は、そう簡単には剝《は》がれ落ちない。

大草が通っていたころの筑波小は、6年生までクラス替えが一度もなかった。親の職業に多様性がないこと、環境の変化や児童の流動性に乏しい国立校の性質は、時として子どもを追い詰めることにもなる。

「体育館の天井から太い綱がぶら下がっていて、上まで登ってタッチして下りてくるような運動をやらせたり、意外とワイルドなんですよ、筑波は。それがすごく好きで。私は運動神経が良かったから。でも、途中で辞めようかなと思ったことはあった。6

カ月間、登校拒否だったことがあるんです」

小学校4年生だった大草は、ある日突然、クラスのほとんどの女子から無視されるようになった。明確な理由などなかったろう。活発で明るい大草は、他の児童より目立ってしまったのかもしれない。「無視」は少女特有の残酷さが生むゲームのようなもので、ターゲットは順番に回ってくる。じっと耐えていれば、敵意は次の標的に移っていく。だが、大草にはそれが難しかった。

「朝になると本当にお腹が痛くて、もう恐怖で学校に行けなくなってしまったんです」

母は急《せ》かすことも理由を問い詰めることもせず、大草を見守った。半年後、辞めるならちゃんと自分で言いに行こうと母に促され、学校へいじめの事実を伝える。なにも知らなかった教師は最善を尽くし、大草は無事学校に戻ることができた。

「クラス替えがないので、小学校1年生のときに形成されたヒエラルキーがずっと保たれる恐ろしい環境でした。半年不登校でも、それは変わらなかった。運動ができる=正義という環境だと、それだけである意味、小学校1年生からヒエラルキーのトップなわけですよ。それが高校まで持ち越されるんですけど、高校から入ってきた優秀な外部生たちから見たら、私はいくらやっても数学がわからないような内部生。スーパー内部って呼ばれてました。自分の立ち位置と実態が、どんどん離れていくのがつらくて」

自負できる実績がないまま、「そういうもの」として扱われることを幸運と捉える者もいるだろう。だが、大草は違った。なにをやっても普通を超えられない自分に、焦りと不安だけが募った。

「留学先のアメリカでは、あ～楽って思ってました。筑波（大附属）ではリーダーのように見なされていたけれど、ここでは誰も私のことを知らない。冴えないアジア人がポツンといる感じが許されるから」

埋没できる快感を得ながらも、自身への居心地の悪さは消えなかった。私にはなにかできることがあると、大草は自分に証明しなければならなかったから。

「帰国して立教大学に入ると、4年間ずーっと、焦点は就職でした。早く働きたいと常に思っていて。嫌いなことはできないとわかっていたから、本当に好きな1割2割でやっていこうと。そうすれば、何者でもない私は変われると思っていました」

目標に対しては、結果から逆算して行動を決めるのが大草流。しかし、仕事が自分を変えるという確信はどこから来たのだろう。

「確信というよりも望みだったのかも。まだやったことがないのは仕事しかなかったから」

無事婦人画報社に合格し、愛読していた『ヴァンテーヌ』編集部に配属されると、大草は昼夜を問わず懸命に働いた。持ち前のガッツで2年目からは即戦力として重用され、机の引き出しを開けると「いい気になるんじゃない」と書かれたメモが入っていたことがあったほど、嫉妬もされた。それでもへこむことはなかった。仕事こそが、自分を輝かせてくれる場だと信じていたから。

転機は突然やってくる。ひょんなきっかけで足を運んだパーティーで、男性にリードされるサルサの楽しみを初めて味わった。学校でも職場でも、性別に関係なく「人として」他者と対峙することを善とし、仕事では誰よりも先回りをして円滑に進めることを美徳としてきた大草にとって、男性のリードを待つスタイルは、まったく新しいものだった。やがて週の半分をサルサバーで踊りあかすようになる。

「あのころは昼の顔と夜の顔がありました。昼と夜では下着も含めて着る服がまったく別人で、一日の中である意味、ふたつ人格があるような感じ」

大草は『ヴァンテーヌ』が提唱する、知性のあるおしゃれが好きだった。一方で、自分を解放し、女性であることを寿《ことほ》ぐサルサの時間も手放せなくなった。もう、ガス抜きだけではすまされない。

「会社を辞めて、キューバに行くことにしたんです。二重生活がつらくなっちゃったの。だって『ヴァンテーヌ』ってネイビーとブラウンがメインで、ストールとシュシュとパールのネックレスの世界。なのに夜になると、おなか出して踊ってる。全然違う。そのときのクローゼットはぐしゃぐしゃでしたね。だったらこっちを取ろうって。こっちのほうが楽しいから」

コンサバと女性性の解放を行き来する生活を2年ほど続けたあと、大草は熱に浮かされたように中南米へ旅立った。とにかく、思い立ったら走り出さずにはいられない。

「本当になんの迷いもありませんでした。いまでもやっぱり行ってよかったなと思います」

祖母の体調が芳《かんば》しくないと実家から連絡を受けるまで半年、大草はメキシコ、キューバ、ブラジルなどを渡り歩き、踊り続けた。

「なんの言葉も覚えなくて。セルベッサとセルベージャだけ」

Cerveza（セルベッサ）はスペイン語で、Cerveja（セルベージャ）はポルトガル語で「ビール」を表す。

一生懸命に働くことで、他者からの評価と、ありのままの自分の乖離《かいり》を埋めようとしていた大草の生活に、「私らしい私」という新しい評価軸を放り込んだのがサルサだ。しかし、人は一朝一夕に変われるものでもない。

大草は3姉妹の長女で、3人とも幼少期に国立校を受験している。

「教育ママではまったくなかったんですが、(受験に関しては)母がそういう感じでしたね」

母は専業主婦で、父は銀行員。古き良き昭和の家族像と言える。

「300年続く商売をやっているような家じゃないんですよ。父はサラリーマンなんだから。だけど、私は3姉妹の長女で、家を継がなきゃと思って」

努力すればなんにでもなれるという呪文は、頑張りが利く人間にとって諸刃の剣にもなる。

「私は長男のつもりでした。両親の前でもそう。長女というよりは、一番上の責任者だと思っていて。早く結婚しなきゃ、結婚相手はうちに入ってくれる、父と母が納得するような人じゃなきゃって。誰かに言われたわけでもないのに、自分でそう思っていた時期がありました。だから前の夫にも、家に入ってもらったんです」

最初の結婚は27歳。学生時代から7年間付き合っていた恋人と、中南米遊学から帰国後に籍を共にしたが、新婚早々に国内転勤となった夫に、大草は帯同しなかった。

「ちょうどフリーになりたてのころで、夢一杯でした。いまのようにリモートで原稿だけ送るような働き方はとても難しくて。最初の転任先は山口だったんですけど、そのころの私にとっては、気持ち的にハワイよりも遠かった。しかも、これからフリーランスでやっていこうというときに妊娠出産もして、本当に不安定でした」

当時の価値観ならなおさら憧れの的だった、20代での結婚出産。一方で、フリーランスとしてバリバリ働きたいという欲望。若い女性がぶち当たる大きな壁だ。

夫に帯同しなかったのは、内なる欲望に忠実な選択をしたまでだ。逆に大草が転勤を命じられたとしたら、夫のために辞令を断るよう周囲から諫《いさ》められただろう。

前夫との間に一児をもうけたが、一度も同居せぬまま夫から離婚を持ち掛けられた。2000年代前半、30歳になりたてのシングルマザーはいまよりずっと風当たりが強かった。あるべき自分から外れてしまった大草の全身がこわばった。

「もう人生終わったなって。どうやって子どもを育てていこうかと。まだ生活の基盤も安定せず、実家暮らしでしたし。離婚の不安もそうですが、仕事が本当に忙しくて、寝る暇もなかったんです。アシスタントもいなかったので、もうどうしていいかわからなくて」

幸か不幸か、頑張れる人ほどこういうときに馬力が利いてしまう。

「ストレスレベルって人によって違うじゃないですか。からいものをどれだけ食べてもからいと感じない人がいるのと同じ。ストレスをストレスと感じるのは、人よりも鈍感だと思います。でも、限界に来たときはもう一気に体に出る。風邪も引かない丈夫な体の持ち主だったんですけど、頭に三つぐらい十円ハゲができちゃって。で、いきなり下血したの。トイレで」

診断は潰瘍性大腸炎だった。

「近くの救急病院に駆け込んだら、即入院ですと。お医者さんの前で『無理です。締切りがいくつもあるし、撮影はもう決まってるし、無理無理無理無理』って泣いて。でも、このまま帰らず入院してくださいと言われてしまって。原稿だけは母に口述筆記してもらって、ファックスで編集部に送ってもらいました。次からの撮影は他の人にやってもらうことになって。点滴つないで2週間、入院しました」

体はうまくできている。休めない人を無理やりにでも休ませるために、大きく不調をきたすのだ。小学校時代の不登校もそうだったのかもしれない。

大草の人生をアウトラインだけなぞると、なんとも華々しいのは確かだ。しかし、虫眼鏡で観れば様子はかなり異なる。下駄を履かされているような居心地の悪さ、世間の期待に応えるためのあるべき姿、内なる欲望を秘めた自分の像。どれもひとつに結べずもがいていた。役割や肩書きが固定するフレームを外す大切さをファンに説く大草だが、フレームに囚われた自己との格闘は、本人が長らく向き合ってきたイシューと言える。

「真面目できちんとしているのに、私の中南米行きにも納得するような親なので、なおさらちゃんとしなきゃいけないという思いが、常にありました」

コンサバティブなスタイリングが表象する『ヴァンテーヌ』的価値観や、20代の結婚出産が「ちゃんとした私」の最たる成果だ。

「折り合いがついてなかったんです。だから離婚もしたし、体も壊した。やりたいことはやり始められていたけれど、漠然とした大きな不安がありました。誰の役にも立っていないし、言われるほど価値もないし、20代はじゅくじゅくしてた感じかなあ」

同世代として、腑に落ちるものがあった。性差に囚われず頑張って生きれば生きるほど、女に生まれたことを存分に味わいたい欲望が、胃の底からせり上げてくることがある。しかしその欲望は、旧態依然とした価値観からは「はしたない」と見做《みな》される類いのもの。

「そうです。それですごく苦しかったんですよねえ。服装や振る舞いやメイクも全部含めて、女っぽい、生っぽい感じははしたないと親からも世間からも、はっきり教えられてきたから。そういうひと言ってずっと残るんですよね、恐ろしいぐらいに。でも、生っぽいことのなにがいけないんだって。そっちのほうが生きてる感じがするし、自分らしい気がしました。だから、私が最初に外したフレームは『品行方正』」

他者からの評価を額面通りに受け取れない大草は、自身を納得させるためにも、クライアントから期待される成果の150％達成を目標に働いた。すると、自然と仕事の幅も広がっていった。

「しんどかったのは、ファッションディレクターを務めた女性ファッション誌『DRESS』が創刊されたとき。レビューがひどく荒れてしまって。それまではカジュアルでラフで、ある意味等身大でリアルな、誰のことも否定しない打ち出しをしてきたんです。でも、『DRESS』は読者のペルソナをカテゴライズする方針だったんですよね。私の人格と、私が携わってるお仕事の人格は違うものに決まってるんだけど、読者にとっては一緒になっちゃうんです、やっぱり。私がそういう仕事のやり方をしてるからなんですが」

坊主憎けりゃ袈裟《けさ》まで憎いを地で行くレビューは、いまだネット上で読める状態にある。「私たちの大草さん」から自分がはじかれたことが、レビュアーたちはよほど悔しかったのか。

「私は編集長ではないし、お仕事でやっているという思いはあったんですが、もうレビューで心がマジで折れて2キロ痩せて。しかもそのとき、とある大きなテレビ番組が決まって、もう密着も始まってたんです。でも、レビューが悪すぎて、やめますと言われたの」

耳を疑うような話だ。ドキュメンタリータッチを売りにするならば、不測の事態を物語に盛り込んでこその「プロフェッショナル」ではないか（その後、２０２１年11月に『プロフェッショナル 仕事の流儀』〈ＮＨＫ〉に出演した）。

「ここまでレビューの悪いものを出すわけにはいかないと言われて。３回も４回も打ち合わせをして、次はミラノ出張に行く空港から撮りますと言われていたのに、なくなったの。だから放送局にも読者にも見放されたんだと思って。自分は正しいことをしてないんじゃないかという気がしていました」

世間の高評価に疑心暗鬼な自分を説得するように働き、自分自身をがちがちにはめ込んでいたフレームをひとつずつ外し、大草の人生は少しずつ楽になっていたというのに。期待に報いる仕事がようやく形になりつつあったところで、今度は世間が決めた「大草直子」のフレームからはみ出たことで罰を受けたのだ。

「それから一切ブックレビューは読まないようにしましたけど。まあ、立ち直りは意外と早い」

朝になると腹痛を訴えていた少女は潰瘍性大腸炎すら克服する大人になり、心はいつのまにか強くなった。強くはなったが、満身創痍《そうい》だ。

「ひとりでしとしと泣くこともあります。最近は家族の前でも泣いてますね。いろいろ問題があるから。自分がやりたいことの目論見が外れたことは、あんまりないんです。だけど、人が絡むこと、例えば夫だったり子どもだったり、それはありますよ、ものすごく」

子どもと正面から向き合うことも少なくない。

「一昨日は徹底的に話し合って。喧嘩っていうかもう、けっこう対峙した。わかってなさそうだったけどねえ」

いまは伝わらなくとも、全力でやってくれた親のことは必ず記憶に残り、子どもはあとから感謝することになるだろう。

「昨日は家族でレストランに行って、帰りに『うちの猫がどうやって待ってるかを当てようよ』ってなったんです。当たった人のいいところをみんなで言おうって。それ末っ子が提案したの。面白いなと思って。私は扉の前で待ってるって言ったら、本当に扉の前で待ってた。そうしたら長女が、私のいいところを『誠実で真摯《しんし》であること』って。息子は『責任感が強いところ』って言ったかな。次女は『弱音を吐かない』って。で、夫は『お尻』って」

なんとも素敵なバランスではないか。

どんなにフレームを外しても、仕事人であること、母であること、妻であることから解放されるわけではない。女の自分を緩める時間はどう確保するのか。

「いまでもサルサなんです。こういう時期だから昔のようには踊りに行けないけれど、キューバン・サルサをずっと続けています」

固定された性役割に基づく価値観が沁み込んだ親世代に育てられた女たちが50代を目前にし、女であること、欲望を持つことに蓋をしてきた事実から、目を逸らせなくなってきた。自分を持て余し始めた者もいるなかで、女であることを寿げる趣味を20年以上続けられている大草は、とても幸運だ。

「思春期のときの、あの初潮が始まる生臭い感じがまたあるの、いま。20代ではわからなかった、森瑤子さんの『情事』に書かれている女性の感情が、40代後半からわかるようになりました。多分、閉経が近いからホルモンバランスだとは思うんですよね。私はもともとセックスライフがないと無理ですと言ってるんです、ちゃんと。だから、いまの夫と結婚するときも、セックスレスにならない人というのが大事で。その生臭さみたいなものを普通は『あ、臭うから蓋しよう』となるのかな」

シミもシワもある大草が、シミひとつない年齢不詳の美女より風通しよくセクシーに見える理由は、欲望に蓋をしていないからだ。蓋をしても、漏れ出るものは出る。するとと、逆に強烈な腐臭を発してしまうのだろう。

歳を重ねた女のわかりやすい色気は、それはそれで存在する。島耕作の隣にいるような女を想像してみればいい。けれど、男性を満足させるためではない、自分自身から溢れ出るセクシーさは、この国では未発達と言えるだろう。

大草はインスタグラムに写真を投稿する際、アプリで肌補正をしない。若く見えること、可愛らしく見えることにはまったく興味がないという。

「いろいろやってはいるんです。ヨガに行ったり、ブラジリアンワックスもやってるし、以前はまつ毛エクステもやってたし、歯もホワイトニングしてるし、左眉が上がっちゃうから眉の上にボトックスも打ってる。自分にできることは、あらゆることをやってます。それは自分を好きでいられるためのステップなんですよ。だから、セクシーって自分を好きでいること、自分に興味があって満足している状態なのかな」

基本的には、いつでも自分が満足する姿で脱げるように。大草はシーズンごとにお気に入りの下着を全色新調する。

「どうすればいいか、本当にわかったのは最近なんです。途中から44歳くらいまで、ちょっと自分を見失ってトンネルに入っていました。ここ3年くらいは、人がどう思

大草直子

うかはわからないけど、自分としてはちょうどいい。首も枯れてるし、おでこにシワもよるし、もちろん、シミもあるけど、なんかちょうどいい感じがしますね」

女性として見られ続ける目が家庭の中にあるという点では、大草の長所を「尻」と答える、ユーモアのある夫の存在も、セクシーであり続けられる理由のひとつだろう。

33歳のときに再婚した夫はサルサに出かける大草のファッションを、セクシーでエナジェティックで素敵だと褒めてくれるパートナーだ。

「最近は、仕事仲間や友人たちの何気ない褒め言葉もありがたくいただいてます。44歳ぐらいまでは、そういうのもまったくなかったんですけど。もう目の前のことにめいっぱい過ぎて、時間も隙もなかったんだと思います。だけど、緩んできて、ある意味衰えてきた自分を見る……見るってすごく生臭いじゃないですか。自分の裸を一日2回見るとか。それをやりだしてから、つけている口紅や髪型を男性から褒めてもらうことが多くなった」

トンネルの中を彷徨《さまよ》っていた日々からの、見事な脱出。見習いたいものだ。

「諸先輩を見ていると、53歳ぐらいでまた、変わるんだなと。いいとか悪いとかではなくて、印象がドライになるの。そこをどう乗り越えるのか。女の人生そこで終わりじゃないじゃないですか。ならば、どういう女らしさを表現していけばいいのかなというのは、いままた考えてます。真面目ですね、私」

大草は、今日も自分を納得させるために生きる。そこで得た知徳を惜しげもなく共有してもらえる私たちは、とても恵まれている。

（2021年3月22日発売号）

大草直子

吉田羊

「やればできる、できないわけじゃないと自分を鼓舞してる」

よしだよう／福岡県生まれ。1997年、小劇場でデビュー。2001年、女性3人で劇団「東京スウィカ」を旗揚げ。07年、東海テレビの昼ドラ『愛の迷宮』で映像に進出。14年、フジテレビの月9『HERO』の女性検事役で注目を集める。舞台『エノケソ一代記』（16年）で読売演劇大賞優秀女優賞、『ジュリアス・シーザー』（21年）で紀伊國屋演劇賞個人賞受賞。22年、俳優人生25周年を迎え、初の音楽コンサートを開催した。

２０１０年代半ば、吉田羊は彗星の如く私たちの目の前に現れた。

夜空に美しい尾を引く彗星とて、一瞬で誕生したわけではない。放つ光を私たちが目視できたのが、たまたまそのタイミングだったというだけの話だ。

一般的な惑星が太陽を中心に円を描くのとは対照的に、彗星は独自の軌道を描き太陽に近づいてくる。突然、夜空に現れたように見える理由はそれだ。

その点において、吉田羊も彗星のような俳優と言える。芸能惑星の軌道がスカウトやオーディションから始まるとするならば、吉田羊という彗星の描く弧は、確かに異質だ。

下北沢。待ち合わせ場所に少し早めに到着すると、前方から黒ずくめの吉田が歩いてやってきた。柔らかい笑顔と、気さくな声色。いつ会っても心の垣根がないことに驚かされる。今日はオーラを完全に消し、心地よさそうに街に埋没していた。

小劇団からキャリアをスタートした彼女にとって、下北沢は馴染みの街だ。

「大学のために東京に出てきたんです。中国語を勉強したくて、中国語中国文学科に入りました。でも、就職活動で周りがざわざわし始めたときに、まったく興味が持てなくて。なにをやりたいかと考えて、俳優をやってみようかしらと飛び込んだのが、小劇場の世界。初舞台は下北沢の『劇』小劇場でした」

ふと目に留まった雑誌の役者募集に応募し、見事合格。養成所や芸能事務所の所属を経ることなく芝居を始め、スポットライトの下で拍手喝采を浴びる喜びを知る。小劇場中心の活動は10年。下北沢の劇場には、ほとんど立った。

「『劇』小劇場、OFF・OFF、駅前、それからスズナリもやりました。でも、本多劇場はやっていないんです。本多は、憧れの場所だったの」

この時代を「下積み」と言われることに違和感があると、吉田は各所のインタビューで答えている。現在の主戦場である映像の世界への通過点ではなかったからだ。

大学卒業後、小劇団で順調にキャリアを積んでいた吉田は、現在も俳優、劇作家、演出家として活動を続ける比佐廉《ひされん》と、制作を担う石津陽子とともに劇団「東京スウィカ」を立ち上げた。27歳のときのことだ。

劇団では外から迎えた女優の演技力に打ちのめされたこともあったが、腐らず持ち場で演じ続けた。心境に変化が起きたのは、東京スウィカを立ち上げて7年目あたりのことだった。

「劇団の作品では当て書きをしてもらった役が多くて、いつもどこかに素のキャラクターが反映されていました。でも、参加させてもらった外の劇団で、普段とは全く違う役を振られたんです。そこで初めて、役を生きている実感が持てた。自分の劇団ではないところで。私、もっといろんな人に会いたいし、経験したいなと思ったんです。相方は私を束縛していたわけではないけれど、劇団をひとまずおいて外に出たい欲が出てきちゃった。その矢先に、後にマネージャーになる方が声をかけてくれて」

マネージャーは、吉田を映像の世界にいざなった。

「当時、私は30代でした。この歳から映像で売りたいなんて、この人、どうかしてると思って。でも、これを逃したらもうないってくらい、いろんな事務所も受けたけれどご縁叶わず、このまま小劇場かなと思っていた矢先だったんで、お願いしますと」

吉田羊という美しい彗星が、多くの人に見つかる前夜の話。

縁とは不思議なもので、私にとって画面の向こう側の人であり続けると思っていた吉田が、拙著『生きるとか死ぬとか父親とか』（新潮文庫）のテレビドラマ化にあたり、私をモチーフにした主人公を演じてくれた。私ではない、しかし明らかに私でもある主人公、蒲原《かんばら》トキコの物語を味わうことは、私にとってセラピーのようでもあった。

「お話をいただいて、脚本も原作も面白かったから絶対やりたかったんですけど、この人の役はできないとも思ったんです。私にはないものばかりだったから」

またまたご謙遜を、と言いかけ、吉田は本当にそう感じていたのだろうと思い直す。幾度かのコミュニケーションを経て、吉田の自己の捉え方は、世間が考える吉田羊像とかなり違うことを知っていたからだ。順風満帆に見える吉田の人生に拡大鏡をかざすと、行間から思いもよらないものが見えてくる。

「そもそも、緊張しいなんです。インタビューはいつも事前に質問案をいただいて、答えをびっちり書いていくんですよ。国語力が足りないから、予想外の質問が来るとパッと答えられない。あとから、あれも言いたかったこれも言いたかったと反省することが多くて。でも、今回はやめたんです。準備していない答えの中にひっかかるものが、もしかしたらあるかもしれないと」

確かに、吉田サイドから質問案の事前提出を求められることはなかった。と同時に、共にラジオ番組に出演した際、リスナーからの相談にしっかりと事前回答を用意してきた吉田の姿も思い出された。当意即妙な受け答えをする印象があったので、驚いた記憶がある。

「主人公が求めるタイミングで、ちょうどよい言葉を渡す先輩のような役を演じることが多いんです。そのせいか、普段からしゃべれる人だろう、しっかりしている人だろう、かっこいい人だろうと思われることが多くて」

芝居では、活き活きとアドリブを演じるのが吉田羊。演技ならば対応できるのが興味深い。

「役は、私自身ではないから。役を軸に考えれば、そのキャラクターのやりそうなことはなんとなく想像がつく。でも私自身は、いまだに自分が何者かもわかっていない。わからないものに対してはコメントができない。自己肯定感が低いんです」

俄《にわ》かには信じられないが、威風堂々とした俳優・吉田羊の「中の人」である本名の彼女は、自身の優れた能力にすこぶる懐疑的だ。手ごたえのある仕事を成しても、それが完全に払拭されることはないという。

「この状態が永遠に続くものではないと、ドラマ『HERO』（フジテレビ系／2014年）で全国的に認知していただいたときから思っています」

堅実さの表れかと尋ねると、吉田はこう答えた。

「それもあるけれど、私自身がなにもしてこなかった人なんですよ。小さいころから頑張ってこなかった。いろいろごまかしてきたし、責任逃れしてきたし、サボってきたし、とにかく向き合ってこなかったんです、自分の人生と周りの人に」

頑張らない、ごまかし、責任逃れ、サボり。およそ似つかわしくないフレーズばかりが吉田の口をついて出る。世間が捉える吉田羊像と、本人が語る吉田羊が、少しずつ離れていく。

姉2人に兄2人。吉田は5人きょうだいの末っ子として福岡県に生まれた。

「小さいときの口癖は『お父さんにはお母さんが、お姉ちゃんには下のお姉ちゃんが、上のお兄ちゃんには下のお兄ちゃんがいるでしょ。ほらね、私だけ一人』でした。そのたびに母が悲しそうな顔して、『母さんがおるよ』と言ってくれたけれど、私は頑《かたく》なに、『ほらね』って。5人もいるのに孤独だったんです」

末っ子の吉田と一番上の姉は8つ歳が離れている。子ども時代の8歳差はかなり大きい。

「私のコンプレックスのひとつは、きょうだい。4人ともすごく優秀だし、両親が喜ぶ仕事に就いているし。私一人だけずっと半人前という意識がいまだにあって」

吉田の母は幼稚園の教員だった。

「吉田家では夕方6時半になると掃除の時間があって、家族全員であみだくじを引き、当たったところを掃除するんです。思えば、母は共働きで私たちを育ててくれ、体が弱く持病もあったためいつも疲れていました。子どもたちに家事を振ることでやっと回っていたのでしょう。ただ、子どもが楽しんでなにかに向き合うことを仕掛けるのがすごく上手な人でした。掃除もそのひとつで、なんでもゲームに変換する人でした」

　母を語る吉田の言葉には愛が溢れている。しかし、常に折り合いが良かったとは言えない。

「私が父親っ子だったから嫉妬もあったのかもしれないし、上の子のほうが優秀で母によくしていたのもあるかもしれない。きょうだいと比べると、私はあまり母に思われていないのかなと、感じることが時々ありました。5人もいれば、親の愛情に偏りは出る。やっぱり、言っちゃ悪いけど『こっちのほうがかわいい』みたいなことは、母にもあったんじゃないかな。当時はね、それを認めるのがしんどかったけど」

　親子にも相性があるのは事実だ。しかし、思春期にそれを理解し、咀嚼《そしゃく》できる者などほとんどいない。

　母からの愛情が乏しかったという記憶は、大人になってもなかなか消えなかった。きょうだいに対する劣等感も同様だ。

「いまだにありますね。もちろん、この仕事を喜んではくれています。けれど、家族のことにおいては、私はいつまでたっても最後の5番目で、ほとんど打席が回ってこない。そういう劣等感はあります」

　5年前、闘病中だった母が鬼籍に入った。

「そんなときも、葬儀の話とか、母の死因について病院で話を聞くとなったら、先頭に立つのは長女だったり次女だったりで、私の出番は一切ないわけです」

悪者が誰もいない話に胸が痛む。双方の思い込みや「良かれと思って」がうまく循環しないのが、家族というユニットの宿命だ。

吉田は、母の最期をゆっくり語り始めた。

「その日は朝から晩まで映画の撮影があって、撮影の合間に次のドラマの衣装合わせが入っていたんです。撮影中、姉から電話が来て、どうも今日がヤマらしいぞ、と。衣装合わせに向かう車の中でまた電話がかかってきて、電話越しに母へ声をかけ続けたら、『うん、うん』と答えは返ってきた。けれど、仕事の合間にもう一回電話をしたら、このまま逝くだろうという状態になっていました。テレビ電話で看取りをしたんです。あのとき無理をしてでも帰れば、母に会えたかもな、といまだに後悔しています」

母の死に目に立ち会えなかったことは、吉田の大きな後悔のひとつだという。しかし、俳優の道を選ばなかったら、彼女は自分自身をどう承認できたであろうか。

小さいころ、出し物のお芝居で褒められた経験が吉田にはあった。セリフ回しが上手い子どもだった。演じることが好きで、人より上手にできる微《かす》かな自信が、彼女を演劇の世界に導いたのかもしれない。吉田羊に芝居があって良かったと、心から思う。

「変わりたいという気持ちがあったんです。冒険好きでもあるし。あと、必然好き。物事がなされるタイミングがあると思っているので、声を掛けられて小劇場から映像の世界に行ったのもそうだし。いままでやってきた全部がつながって、あの歳で『HERO』まで辿り着いたから、やっぱり必然の連続じゃないかって、振り返って思うんです」

芝居を始めることに関しては、あまり深く考えなかったと吉田は言った。新たな物事をスムーズに始めるにあたり、非常に重要な要素だと思う。考えれば考えるほど、やらない理由をいくつでも思いつくのが人間の業だからだ。

「自分は何者かになれると、根拠なく信じていたの。考えるより先に飛び込んだのは、演劇を始めたときからそうでした。だめだったら引き返せばいいと思って」

本名の彼女と異なり、俳優である吉田羊の自己肯定感はとても健やかだ。

「最初は思うように仕事が入らなくて。でも、当たり前のことだとも思っていました。だって、私はとうが立っている人だから」

映像の世界では、吉田は「30歳を過ぎた新人」だった。それをとうが立っているとは思わないが、10代20代からタレントを始め、徐々に女優へ転向していく通例とは、あまりに違いすぎたことも理解できる。

「そこから仕事をホイホイくれる人なんているはずがないから、不安はありませんでした。とはいえ現場で、主役にカメラが寄ることはあっても私にはないとか、主役はスタッフがお見送りをするのに私にはないとか。あ、こういう扱いの違いがあるんだなと。役者はみんな同じところに立っているはずなのにと思いつつ、当然か、とも思ったんですよ。主役には、彼／彼女を目当てに見る人がいるわけだから。でも、そこで初めてちょっと悔しさが生まれたんです」

露骨な扱いの差に傷つきながらも、舞台出身であることを評価してくれる人たちもおり、当時はそうして吉田を指名してくれる制作陣と仕事をしていた。

「上に上がりたいと思ったところで、上がれるものじゃないですよね。結果を出して、より大きな作品に起用されることでしか、そこには到達できない。だから、とにかく一個一個一生懸命やり続けようと。一回ご一緒した人には、『またぜひ羊さんとやりたいです』と言ってもらえるようにしようと思っていました」

ひたすらコツコツとやってきた結果が、吉田をこの場に運んだ。

「気づいたら道ができて、ここにいたという感じ。お世話になった中井貴一さんは大御所でいらっしゃるのに、『まだまだ俺も頑張らなきゃなって思ったよ』と、私の作品を観て言ってくださった。幾つになっても目の前のお仕事に一生懸命向き合っていくしかないんです。中井さんの姿勢から、そう学びました」

２００８年、吉田はＮＨＫの連続テレビ小説『瞳』に看護師役で出演していた。中井貴一は自身の撮影現場で、偶然そのドラマを観ていたという。

西田敏行と見知らぬ女優の丁々発止の掛け合いに、中井は目を奪われた。「彼女は誰だ？」の一声で事態が動き出す。中井は同年に放映された主演ドラマ『風のガーデン』（フジテレビ系）に吉田羊をキャスティングし、次いで三谷幸喜に吉田を紹介。三谷作品に出演するようになった吉田は、業界内で一気に名が知られる存在になった。コツコツと一生懸命の成果以外のなにものでもない。

そうやって結果を出しても、本名の自分が吉田羊にサボり疑惑の目を向ける瞬間がある。

「私はやらなきゃいけないことを後回しにして、９時間続けて映画を観たりするから。最近観たのは『ユンヒへ』（韓国と小樽で別々に暮らすかつての恋人同士の再会を優しく切なく、繊細に描いた物語）。一昨年（２０２０年）から映画を観ようと決めて、せっせと観て、傾向がわかったんです。私はドキュメンタリーが好きなんだと」

吉田がドキュメンタリーに惹かれる理由も、自身の性格にある。

「要するに、自分はごまかして、だまして生きていると思っているから、それが利かない世界でさらけ出している〝本物の〟人たちに惹かれるんです。私が目指すところもそこ。俳優としての自意識を消したい。ドキュメンタリーなの？　と思わせる芝居がしたい」

吉田が主演した作品に、松永大司監督の『ハナレイ・ベイ』（２０１８年）がある。村上春樹の同名短編を映画化したもので、10年前にハワイのハナレイ・ベイで亡くなった息子を想い、毎年通い続ける母親サチを吉田が演じている。

『ハナレイ・ベイ』のサチはまるで、ハードボイルド作品の主人公だ。息子の亡骸《なきがら》を前にしても泣き崩れることもなく、心中を雄弁に語るような、「わかりやすい演技」は欠片《かけら》も見当たらない。美しい浜辺に立つ、喜怒哀楽のない女。死んだ息子も、自分自身も、誰のことも信用していないことだけが、ありありと伝わってくる。

他者との慎ましい交流を重ねて、サチはついに自分自身と向き合うことになる。長年押し殺してきた感情がサチの内側からほとばしるさまは、まるで全身から血が噴出しているよう。この作品では、見たこともないほど追い詰められた、ゾクゾクするほど生々しい吉田羊に会える。

「監督が全身全霊で私に向き合って、俳優・吉田羊の可能性を諦めずに最後まで信じてくれたんです。それで頑張れたというのは大きいと思います。もうひとつ、とどのつまり私はボロボロになるまでやらないと、実感を得られない。追い込まれるのが好きで、準備力ではなく、底力や胆力に頼っているあたりがまた、どうしようもないのだけれど」

吉田は自身を、夏休みの宿題を8月31日に慌ててやるタイプと評した。

「尻に火がつかないとやらない。ただ、火がついたらやれちゃう。そういうネガティブな成功体験ばかり積み重ねてしまって。私は自分のだらしなさを知っているし、周りを見ればすごい人がたくさんいる。私にも、もっとやれることがあったんじゃないのって、どうしても反省しちゃうんですよ」

どこまでも頑張れるが、素に戻るとどうしても自身を評価できない。しかし、その憂《うれ》いを必ず撥《は》ねのけるのも、吉田羊なのだ。

「『ハナレイ・ベイ』の松永監督と、もう一度こういう作品を撮りたいし、世界に行きたいという思いが強くあるんです。一緒にレッドカーペットを踏みたいという夢があります」

繰り返しになるが、吉田に演劇があってよかった。時に項垂《うなだ》れても、彼女の鼻先を再び前に向けてくれるのは、常に演劇だ。

「この仕事をしている間は、少なからず自信を持って立っていられるようにはなりました。自分がどう見られているか、座組のメンバーにどう思われているかには気が回らなくなったんです。それぞれが責務を果たして、結果を出して作品になれば、それがいいじゃないかと。そう思えるようになったのは、ここ2年ぐらいのことです。他にやれることもないし、自分が唯一興味を持てて、やっていて楽しいのが演劇だから、もうここしかない」

本名の自分に対しては、まさに向き合っている最中だ。してこなかったことの尻拭いをしている感覚がある。人を愛し損ねたことも、そのひとつ。

「いっぱいあります。パートナーに対しても、友達に対しても。家族に対しても、そう。つい最近、昔の手紙が出てきたんです。長女からだったんですけど、便箋7枚にびっしりお叱りの言葉が書いてあった。すっかり忘れていたけれど、読みながら、ありありとそのときの自分が思い出されて」

吉田が事務所に入る前、小劇場時代のことだ。お金に困っていた時期があり、姉から借りた。当時の吉田は返済計画も立てないまま、それを放っておいた。お叱りの手紙は、それについてだった。

「数年前、まったく同じことを、私は友人からされたんです。そのときはものすごく腹を立て、相手を非難し、いまだに縁を切ったまま。でも、私は20年以上前にまったく同じことをしていた。そう気づいたとき、人生ってブーメランで、自分に戻ってくるんだなと思いました。不誠実な妹を赦《ゆる》してくれた姉の愛情に感謝すると同時に、友達に対しても、今度会いに行こうという気持ちにやっとなれたんです」

母親に対する気持ちにも変化が訪れた。

「こうしてほしかったという思いを、ずっと抱えて生きてきました。でも、やってもらえたことや赦されたことのほうがはるかに多い。そこに目を向けていなかったんだと、手紙を読んで改めて気づきました」

昨年（2021年）出演した舞台『ジュリアス・シーザー』ではサボり癖を克服し、発見もあった。

「シェークスピアには苦手意識しかなかったから、とにかく早め早めに準備を始めたんです。10月本番で、7月頭からセリフを入れ始めて。できないかもしれないという大前提で作品と向き合えた結果、準備をした自信が、稽古中にいろんな気づきをもたらしてくれました。当たり前なんだけど、ちゃんと準備をすれば、こうやって自分に返ってくるんだということにようやく気づいて」

吉田のブーメランは高性能で、良いことも悪いことも等しく吉田のもとに返ってくるのだ。

出会いや親密な関係性についてはどう考えているのだろう。

「パートナーは欲しいと思いますし、できるなら、恋愛もしたい。ただ、もう恋の駆け引きをする体力はないので、まずお友達から」

自分からアプローチするという選択はないのだろうか。

「ないです。こんな私なんて、好きにならないだろうから。迷惑だろうなと思っちゃう。私が好きな人は、私を好きにならないし」

まだ言うか！　と、思わず笑ってしまった。本名の彼女が携えるネガティビティは手ごわい。

「どんな人からも、『あなたは本当に自分に自信がないですね』って言われちゃうんです。毎日自分を褒めてあげてくださいって」

一方、とあるインタビューで吉田は、自分を信じる自分が一番の味方だと答えてもいる。

「それも自分に言い聞かせているんです。毎日ないない探しをして、同時に否定してます。やればできる、できないわけじゃないと自分を鼓舞してる。よくファンの方から励まされましたと言われるんだけれど、自分に言っていることで」

小劇場で10年、事務所に所属し11年。２０１９年に、独立して個人事務所を構えた。

「守られていた環境から、自分のジャッジがすべて自分に返ってくる環境に立ったとき、より深く責任や、生き方や、振る舞いを意識し始めて、自分と向き合えました。前の事務所にいたとき、いかに私が傲慢で、足りないところを補ってもらっていたか、やっと理解できました」

ともすればすぐにネガティブになる吉田に自信を与えてくれる唯一の存在が、演劇に携わる自分自身だという不思議な構造。

「私を信じて愛してくれる人たちを、幸せにしたいんです。ファンの人と、吉田羊を仕事で使ってくださる方々の気持ちに応えたい。応えて、幸せにしたい」

吉田はすでに巨大彗星として多くの人を照らし、幸せにしている。その事実を、そしてファンや制作陣から返ってきた幸せを浴びて、吉田羊の輝きがますます増す美しい循環を、本名の彼女が認める日が来ることを、私は願って止まない。

（２０２２年３月22日発売号）

野木亜紀子

「少しでも心が動くもの、残るものを目指してやっている」

のぎあきこ／1974年東京都生まれ。日本映画学校卒業後、ドキュメンタリー制作会社勤務などを経て、35歳のときにフジテレビヤングシナリオ大賞を受賞し、脚本家デビュー。2016年、『重版出来！』『逃げるは恥だが役に立つ』で注目を集め、18年の『アンナチュラル』で芸術選奨文部科学大臣新人賞、『獣になれない私たち』で向田邦子賞、21年、映画『罪の声』で第44回日本アカデミー賞最優秀脚本賞受賞。連続ドラマW『フェンス』（WOWOW）を手がける。

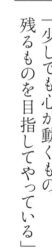

1970年代初頭、アメリカでブラックスプロイテーションと呼ばれる娯楽映画のジャンルが誕生した。代表作は『シャフト』（1971年）、『スーパーフライ』（1972年）など。舞台は都市部のゲットー。麻薬の密売人やポン引きを生業《なりわい》にする黒人男性が主役を張り、暴力や性的な描写が目立つ。白人は間抜けな悪人や腐敗した警官役と相場が決まっており、最終的には黒人にとっちめられる。当時、観客の黒人たちは「ついに自分たちが主人公の映画が誕生した」と歓喜したという。観ればスカッとする作品が人気を博し、ハリウッドは新しい鉱脈を発見したと言われた。

ブラックスプロイテーション映画は、そのファッションや音楽、魅惑的なキャラクターが現代のアメリカ文化にも多大な影響を及ぼした。スクリーンに登場する機会を黒人俳優に与えたことも間違いない。しかし、このジャンルはほどなくして姿を消すことになる。娯楽作品とは言え、あまりにもネガティブなステレオタイプ描写が目に余り、実社会での偏見を助長すると抗議運動が始まったからだ。

支配者層が懲《こ》らしめられる創作物に溜飲を下げたところで、現実社会はなにも変わらない。なぜ主人公たちは麻薬密売人やポン引きなどの危うい仕事をしているのかが、作中で描かれることはない。貧しい黒人たちを刹那的に喜ばせ、大儲けしていたのはハリウッドの白人層だ。果たして、これは他人事だろうか。

飛ぶ鳥を落とす勢いの売れっ子脚本家。そう書けば、本人は嫌がるだろう。しかし、他に適切な表現が見つからない。知り合ったのは数年前のこと。頻繁に顔を合わせる仲ではないが、いつ会ってもスッと距離を縮めてくれるのがありがたい。

1年ぶりに会った野木の第一声は「私、ついに『バチェロレッテ』を観ちゃいましたよ」だった。少しは休めるようになったのか。

2020年は1月期に『コタキ兄弟と四苦八苦』（テレビ東京系）が、6月からは『MIU404』（TBS系）が放送され、映画『罪の声』も公開された。『アンナチュラル』（TBS系）、『獣になれない私たち』（日本テレビ系）、『フェイクニュース』（NHK）がオンエアされた2018年同様、多忙を極めた年に違いない。

「1年おきぐらいに、その間に作ったものがワーッと来るので。減らしたり、先延ばしにしようとはするんですけど。これはやったほうがいいんじゃない？　って仕事は、どうしても残っていく」

野木が『さよならロビンソンクルーソー』で第22回フジテレビヤングシナリオ大賞を受賞したのは2010年。当時35歳だった。それから10年しか経っていない（20

20年当時)。

「フジの応募要項は『自称35歳以下』なんです。当時は他にもいくつか脚本の賞があったけれど、その後の生き残り率や、深夜ドラマを書かせてもらえそうな枠があったから、ほぼフジ一点突破で」

学生時代に演劇を嗜《たしな》んだものの、役者は向かないと悟り、高校卒業後に映画監督を志し日本映画学校に入学。3年間演出を学んだ。

「学校では実習ばかりでした。1年から、フィルムを扱うんです。ジーッと撮って、ガッチャンガッチャン切ってテープでつなげて編集して。最初は100フィート実習といって、ベルハウエルという16ミリカメラ。1リール100フィートで、換算すると3分ないので、2分半ぐらいのシナリオを書いて。100フィート実習、500フィート実習、卒業制作、みんなで協力しなきゃいけない」

当然、誰もが監督を務めたがる。

「同じ学費を払っていても、全員が監督をできるわけじゃない。投票で決めたり、先生が決めたり、脚本がよかった人が監督もやったり。決まったら決まったで、相容れない人が『この脚本のここがつまらない』と糾弾したりする。みんなどんどん心を病んでやめていくし、1年目と3年目で風貌から様変わりする人もいるし。サバイバル状態でした。『あ、世の中にはこんな人がいるんだ』って、多種多様な人を見られたのは勉強になりました。その後、仕事で風変わりな人と会ってもあまりびっくりしないから」

卒業後、ドキュメンタリー制作会社に就職した。

「そもそも映画学校なんて、求人もろくに来ないわけですよ。だけど学校としては就職率を上げなきゃいけない。日活ロマンポルノの武田一成監督が当時の担任で、私のためというより、野木なら通りそうだからと『おまえ行ってこい』と言われて。私も卒業制作に追われて深く考えずで。そうしたらそのまま採用されて。なにをやりたいかも考えていなかったんだけど、いろいろ勉強になりました」

複数の制作会社でドキュメンタリー現場を経験したのち、臨機応変に即断しなければならない監督という仕事も、自分には不向きと確信する。役者を諦め、監督を諦め、映像の仕事に携わる最後のよすがが脚本だった。

30歳を目前にし、野木は一旦ドキュメンタリーの仕事から離れ、書く時間をつくるため、アルバイトや派遣の仕事を始めた。

「脚本は30歳過ぎからでも一番参入しやすいと思って。だって映画やドラマの監督になろうとしたら、またADから修業しなきゃいけないんですよ。既に現場は無理だと思っていたし。部屋にこもって編集したり、構成を考えるのは好きだったから、脚本はどうかと。賞を獲れば、這い出る間口があるとも思って」

脚本家として世に出ることは、野木にとって「這い出る」こと。当時は自身を埋もれた存在と感じていたのか。

「ヤングシナリオ大賞に初めて送ったのは、女子高生とおじいちゃんの話でした。次はコメディで、ラグビー選手の話。ばらばらです。でも、どのみちたいしたところまで行かないんですよね。そのころのはやっぱり、まあダメ。賞に受かるために書いていたから」

大賞受賞作となった『さよならロビンソンクルーソー』は違った。

「その前の年かな、実は応募できなかったんです。プライベートが混乱し過ぎてて、余裕がなかった。そのとき共依存や依存というものを周りでよく目にして」

同世代として頷《うなず》くものがある。30代前半、私も「それ、共依存じゃない？」という言葉をよく耳にしたし、口にもした。

「ドラマの中では共依存という言葉は一度も使ってないんですけど。共依存ド真ん中にいる友人に観てほしくて、書かなきゃいけないと思って。明確に伝えたいことがあったものが初めて最終に残り大賞をもらったので、振り返ると、そういうことなんだろうなと」

目的が「入賞」から「たったひとりに観てほしい」に変わった結果、どの年よりも強く弓を引けたのだろう。とは言え、気持ちだけでは応募総数2286編の頂点には立てない。

「構成はやっぱり技術ですから、勉強しなきゃできない。ただ、ある程度身についちゃえば、途中からは感覚でもいける。多分、技術はそれなりにあったんですよ。とにかくすごい量を学生時代に観ていたし、研究もしたし。脚本家を目指してからは、あらゆるシナリオ勉強法の本を読んでいました。半分以上役に立たなかったけど」

これぞという一冊を尋ねると、野木は舟橋和郎著『シナリオ作法四十八章』（映人社）を挙げた。

大賞受賞後、局に呼ばれてプロットを書くも、採用には至らず進展のない日々が続く。初めて脚本家としてクレジットに名が記されたのは、「1話のアバン（タイトルが出てくるまで）15分をまるっと書いて採用された」のが縁で、急遽参加した『ラッキーセブン』（フジテレビ系／2012年）。同作のチーフ演出だった佐藤信介監督に声を掛けられ、有川浩（現在は有川ひろ）原作の映画『図書館戦争』（2013年）に参加したのち、有川原作の『空飛ぶ広報室』（TBS系／2013年）ドラマ化でも脚本を担当した。

やがて映画『アイアムアヒーロー』(2016年)やドラマ『逃げるは恥だが役に立つ』(TBS系/2016年)など、漫画原作の映像化といえば野木の名前が挙がるようになる。迸《ほとばし》る愛情ゆえの原作ファンの厳しい目が見守るなか、野木は決して地雷を踏まなかった。

「たとえば漫画って、主人公の背景が白いコマなのはなぜか、ここがなぜベタなのか、読める人には当たり前に読める記号がある。でも、それまで漫画に触れてこなかった人は、その意図が読めない。技術もあるかもしれないけど、読解力の問題だと思います。それをどう三次元にしていくか。どうしたって、そのままはできないんですよ。あとは原作へのリスペクト」

野木は、映像化に際し原作者の思考をトレースするという。

「描かれていることそのものより、作者がなにをもってそのシーンを書いたのか、その表現を得たのかを気にしていけば、作者の考えを壊さない。でもわかんないですよ。作者さんにも『いや、そうじゃなかった』と思う部分もあるとは思うので。だけどマインドとしては、極力そうならないように」

過去のインタビューでは、自身を「たまたま職能があっただけ」と評していた。

「コミュニケーション能力がないと、脚本家は難しいと思う。ドラマも映画もそうだけど、総合芸術だから。プロデューサー、監督、時には役者からの意見もある。なぜこの表現にしたのか、なぜこのシーンが必要かを説明できないと、監督のことも、プロデューサーのことも納得させられない。プロとしてやっていけないんです。スポンサーやロケ地の都合、スケジュール、お金の問題もある。脚本って、初稿を書いたら改訂していかなきゃいけないから。言語化してコミュニケーションできないと直せない。書いた脚本をそのまま、ハハーッ！　って受け取ってもらえるのなんて、橋田壽賀子さんと倉本聰さんぐらいじゃないの？」

脚本家は、孤高の作家気取りでは務まらない。徹底的に言語化し、共有し、大勢で作り上げていく。映画やドラマといった映像作品が、総合芸術と言われる所以《ゆえん》だ。

「一緒にしていいのかわからないけど、私たち、遅咲きでよかったと思わない？　10年前倒ししてたら、とっくに潰れてたし、潰されてたかもしれない」

野木の言わんとすることは、よくわかる。彼女と私は1歳しか歳が違わず、デビューもほぼ同時期。つまり、それなりの社会人経験を経てからここにいる。

「35歳過ぎだと世の中をそれなりに知っているし、主張の仕方もわかってるから。年齢と、いままでのいろんなことをやったキャリアも、無駄じゃなかったとは思いますよ、やっぱり強くそこは」

ドラマ『逃げるは恥だが役に立つ』での大成功のあと、監督の土井裕泰の言葉に背中を押され書いたのが、オリジナル作品の『アンナチュラル』だった。明るく元気でわかりやすい女子キャラを演じることが多かった石原さとみに、野木は現実社会と同じテンションで働く法医解剖医、ミコト役を与えた。「わかりやすい女子キャラ」、「才女は常にクール」というふたつの偏見に基づく呪縛を、野木は一度に解いた。

『アンナチュラル』では集団自殺と見せかけた殺人事件を扱う回で現実と過度に共鳴することになったが、『獣になれない私たち』（以降・けもなれ）のパワハラ・ジェンダー問題、後述する『コタキ兄弟と四苦八苦』のＬＧＢＴＱイシュー、『MIU404』でのベトナム人留学生の置かれた境遇など、野木作品には現実の社会が抱える問題が注意深く滑り込まされている。

「ドキュメンタリーの仕事で『世界・わが心の旅』（ＮＨＫ衛星第２）という番組のＡＤ兼ＡＰをやっていたんですけど、スタッフが総勢４人ぐらいしかいないから、自分がやらなきゃいけないことが多かった。毎回主役の方と一緒に世界を回る内容で、たとえば日本人初メジャーリーガーの村上雅則さんと、思い出の地であるサンフランシスコやニューヨークを回るんです。クーパーズタウンという町にある野球の殿堂へ行ったり。ついていくから勉強しなきゃいけないし、人生を描くにはその時代の資料映像を全部観なきゃいけない。そういうのを何人かやると、知らなかったことだらけだったんです。10代のときは呑気に楽しいものしか見ないで生きてきたから」

その気づきを、エンターテインメントにどう昇華するかがクリエーターの腕の見せ所だ。わかりやすさに比重を置いて現代社会が内包する息苦しさだけを表層的に描けば、たちまちお涙頂戴ポルノになってしまう。

野木は、「多くの人がわかること」が彼女にとってのエンタメだと定義した。しかし、「多くの人」とは際限のない話でもある。

「作品にもよるし、プロデューサーにもよるんですけどね。例えば『けもなれ』は水曜22時だから大人向けだけど、『MIU404』は新井順子プロデューサーが、『小学生にもわかるようにしてくれ』と言うから、そんなむちゃくちゃなこと言うなよと。『小学生だって、難しくてもついてきてくれるよ』とか言いながら、一応そこにも目配せをしたり」

多くの目を捉えたいだけならば、世間のステレオタイプ、もしくはステレオタイプの安易なカウンター像に頼るのが手っ取り早い。しかし、野木はそれを選ばない。マス向けのエンターテインメントに、娯楽の外のシビアな景色を忍ばせる脚本は、まるで最後まで飽きのこないパフェのようだ。上層部の生クリームだけをすくっても、底のほうに溜まったビターなチョコレートソースまでえぐっても、どちらも異なる味わいを楽しめる工夫が施されている。

野木作品は、正しさや正義の危うさについて考えさせられることも多い。

「正しさも正義も、結局そのときどきによって変わるので、本当に難しい話で。ただ刑事ものの『MIU404』は、やる前から『いまさらだけど、正義の話をしたいんだよね。声高には言わないけど』というところから始めています。問い直したほうがいいんじゃないかと。正義にまつわる言説がたくさんある中で、じゃあなんなのかと」

野木が描く「正しさ」と「正義」には、明らかな違いがあるように思う。『MIU404』には一貫した義を感じるが、『けもなれ』では個々の正しさがハレーションを起こす。「義」の有無で、こんなにも観やすさ、つまり観る側の心の負荷が変わるのかと驚きもあった。

「エンタメは、義がないと辛いんですよね、多分。『けもなれ』の晶《あきら》（新垣結衣）はそもそも獣になれない、迷える女性だから。いろんなことを見失っている人を描きたくて書いた話だから、しょうがないですよね。ただ、『けもなれ』は、『逃げ恥』の反動で書いたところもあって。自分の人生にみくり（新垣結衣）はいないし、平匡《ひらまさ》（星野源）もいない。そういう世界を生きてる人の『けもなれ』だった」

勧善懲悪の対岸で、白と黒がモザイク状になったグレーな自分をもてあます人ばかりが出てくるのが『けもなれ』だ。実生活で遭遇したら、対応に困る弱さを持つキャラクターもいる。共感されるとは限らないタイプの弱者を描くことに、迷いはないのだろうか。つまり「わかったフリ」になる懸念はないのか。所詮、勝ってきたわけだから。

「うん、あるある。でも、自分が勝ってるとはいまだにあんまり思ってなくて。30歳前後のころ、銀行口座の600円を引き出すために、400円入金してたし。1000円札にするために。そういう時代が長かったから、私自身はそんなに欺瞞《ぎまん》を感じない。ただ、本当に気持ちがわかるのかと言われると、確かにわからないでしょうというのはある。誰も他人のことなんてわかるわけないじゃない。あらゆる人間を書かなきゃいけないときに、脚本家がそのものである必要はなくて。だって、私は古滝一路《いちろう》ではないじゃん、だけど、古滝一路は書けるんですよ」

古滝一路（古舘寛治）は、私が最も好きな野木ドラマ作品『コタキ兄弟と四苦八苦』の主人公、40代後半と思しき無職のおじさんのことだ。

話を『けもなれ』に戻そう。登場人物に、仕事を頑張らない松任谷夢子（伊藤沙莉）

という女性がいた。そこには理由があるのだが、実生活で彼女のようなタイプに手こずったこともあるだろうに、よく憎まずに書けるものだと思った。よく働きよく頑張る野木が、「頑張れない」と決めた人たちに向けるまなざしには、やさしさがある。憐れみからくるものではない。愛情由来のやさしさだ。

「松任谷さん好きだもの。私、書く人全部好きだから。（パワハラ社長の）九十九《つくも》さん（山内圭哉）も好きだし。世のドラマでは頑張ることがいいことだと書かれ過ぎているきらいがあって、もうそんなの別に、頑張れない人だって居ていいじゃんと。全部居ていいじゃんの精神」

脚本家は、神の視座に立ち登場人物を好きなように動かせる。救うことも、後悔させることもできるのだ。正しさを問うなかで、誰かを罰したくなる欲求は湧いてこないのか。

「罰したくなる気持ちが、人間の危険性だよ。なんのために、誰が罰するのか。創作物の中だからこそ、横領した政治家は法によってきちんと罰せられてほしいとか、そういうのはあるじゃない。一方で、創作物の中で罰せられるのを見て溜飲を下げたところで、なんにもならんわなというのもあって。あれでスカッとしたってさ。というか、私はスカッとする話を書いてないんですよね。『アンナチュラル』もスカッとしない」

ハッと気づかされることや、こういう物語が観たかったんだと深く満足することはあれど、確かに、スカッとする野木作品は思い当たらない。私の心に垂らされた一滴の墨が広がっていくさまを見つめ、考えあぐねてしまうことならある。「さあ、あなたはどうするの」と、態度を問われているような。

冒頭のブラックスプロイテーションは「Black（黒人）」と「exploitation（搾取《さくしゅ》）」をくっつけた造語だ。「スカッと」は娯楽として時に有効だが、スカッとしなければやっていられない問題の根幹から目を逸らさせ、安直な断罪という麻薬を与え続けることで、抑圧された者から考える力を奪う場合もある。それは、搾取だ。

「やっぱり罰したくてしょうがないんだよ、人はきっと。私はそれをやらないと決めているというより、そこにあまり意味を感じないんだけど」

『けもなれ』で、野木はパワハラ社長九十九すら成敗はしなかった。

「最終回で、九十九さんが線路に飛び込みそうになるプランはあった。原稿が1カ月早かったら、九十九が飛び込もうとして晶が止めるというシーンもできたけど、スケジュールがもうなくて、駅の撮影なんて無理です！　って」

九十九が自ら死を選ばんとする場面は、視聴者の持つ九十九の印象を大きく変えたことだろう。野木は九十九を成敗するどころか、死の淵に立たせることで救おうとさえしていたのだ。

「でもあのとき、視聴率がどうのと、また無駄に出演者が叩かれたりもして。そういうくだらないところに役者を巻き込むのもよろしくないので、やっぱり二重底の底を見ない人にも伝わることを描くのは大切だなと。わかりにくいものは、やっぱりプライムタイムでやっちゃいけないのかもとは思いましたね」

『逃げるは恥だが役に立つ』では、「みくりの家事が結婚で無償化するのは好きの搾取」という回で視聴者の意見が割れた。そんなことを言うのは浅ましいという声が、少なからず上がったのだ。いったいいままでなにを観ていたのだと私は呆れたが、それがマスでもあるのだろう。

それに対するひとつの解が、小学生にもわかる『MIU404』に結実したのだとするならば、感慨深いものがある。正義を問う、ゆらぎのある物語でありながら、解釈でコンフリクトする人は、私が観測する限り見当たらなかった。

「『コタキ兄弟』には『けもなれ』の反省もあって。男性性のよろしくないところが『けもなれ』では当の男性に全く伝わらなかった。『コタキ兄弟』はおじさんたちに伝えたいことを、おじさんの味方をしながら遠回しに伝えているところがある。愛を込めて」

『コタキ兄弟』には、LGBTQ関連で一路が偏見を無自覚に露呈させる回がある。ヒヤッとする場面だが、野木は一路を罰することなく、反省への道筋を描いた。我が身を振り返り、はたと膝を打った視聴者も多いだろう。

「この先もきっと、やり切れなかったことをやるんだと思います。書いているときはベストを尽くしているけれど、書き終わった後で、毎回あるんですよね。反省しなかった作品はないんです」

野木が反省しているころ、私は一路の明日に思いを馳せる。良いドラマを観ると、登場人物のその後が気になってしまうのだ。

「あ〜、わかる。私もそういうのが好き。自分で書いたドラマでも、すごく考える。馬鹿みたいかもしれないけど、いまだに、『アンナチュラル』のあの子、元気かなとか。自分で書いておきながら、私の中では一人の他人なんです」

野木は、過去のインタビューで、自分が書いたキャラクターは友達のようなものだと言っていた。

「それ、いつのインタビューだろう。忘れてるわ。でも、そっちのほうが近いかもしれない。友達とか、ちょっと遠い知り合いとか」

物語が描かれた箱庭の扉を、視聴者に向けて開けるのが、脚本家・野木亜紀子の役割だ。しかし、箱庭の中に野木の姿はない。

「理想もないし、願望もないんだと思う。この世界に入りたい、みたいなことがない。ユートピアを書くつもりもないし、自分を重ねて書かないなあ。観たいものを書いているから。どこまで視聴者に楽しんでもらえるかは一応心配するけど、まあ、どっちかというと、上がりを観て、『これ、すっげぇ面白くない？』って自分が思ってしまえば、それでいい。賞をいただいたり評価されると、それはそれでよかったねって」

他人の作品を観るときも、共感の度合いに良し悪しを求めない。

「でも、やっぱりなにかを感じたいから、人は観るんだと思うんです。心が動かなければ、なんだっておしまいだと思うんですよ。成敗しようが、しまいが、とにかく心が動かされるものを求めていて。なんとなくまとまってるけど、心が1ミリも動かないものを観てもしょうがないよねと。だから、少しでも心が動くもの、残るものを目指してやっているんですけど。ただ、やっぱり伝わらなきゃ意味がない。その上で本当に面白いかは自分の基準。そこを他人に預けると、絶対面白くないと思うので」

ステレオタイプの排除、社会問題との向き合い方、物語の強度、記憶に残る台詞。野木作品の魅力を挙げればキリがないが、野木が言う「心が動くもの」「私が面白いと思うもの」「自分が観たいもの」とは、まだ誰も観たことがないもの、と言い換えることもできるだろう。だから、野木は自分の基準を信じるしかないのだ。

さて、それを誰に届けよう。

「『コタキ兄弟』は全国の一路さんのために書いたし、『けもなれ』は全国の晶さんに向けたドラマだし。『MIU404』は主役2人（綾野剛・星野源）ではなく、彷徨《さまよ》える人たちに向けて。成川（鈴鹿央士）であったり、九重《ここのえ》（岡田健史）だったり、わりと若い人に向けて」

ステレオタイプからはみ出た、現実を生きる人々。彼ら／彼女らから搾取せず、存在の善悪をジャッジせずに描くことで存在を肯定し、玉虫色のリアルが映し出す希望や光を届ける。それが野木の「すっげぇ面白い」仕事なのかもしれない。

（２０２０年12月21日発売号）

野木亜紀子

浜内千波

「女性が輝いているところで、私も一緒に輝きたい」

はまうちちなみ／1955年徳島県生まれ。料理研究家・食プロデューサー。大阪成蹊女子短期大学栄養学科卒業後、証券会社OLを経て、23歳で料理研究家・岡松喜与子の助手になる。25歳で独立し、ファミリークッキングスクールを開校。2006年にはキッチン用品ブランドを立ち上げる。12年、ファミリークッキング・ラボを開設。約200人の生徒を抱えながら、テレビやラジオ、講演会、雑誌などで活躍している。著書に『免疫力が上がる2品献立』（主婦と生活社）ほか多数。

東中野の閑静な住宅街に建つ、大きな一軒家。薄暗くなり始めた午後七時少し前、どこからともなく現れた人影が大きな扉のなかにひとり、またひとりと吸い込まれていく。

集まったのは12人の女たち。男が混じる日もある。挨拶もそこそこに、それぞれが持参のエプロンをかけ、50畳ほどの部屋に置かれた大きなテーブルを囲んで着席した。他には、キッチン周りを整えるアシスタントが2名。

12人の女たちはおしゃべりに花を咲かせていたが、ゆったりと落ち着いたムードは醸していない。頬がうっすら紅潮しているのは、めいめいが今日の役目を終え、急いでここに集ったからだろう。

7時ちょうど、浜内千波が2階から降りてきた。エプロンを含め、全身を黒でシックにまとめている。テレビでは人懐っこい笑顔ばかりに目が行くが、スラリと伸びた手足を持つ173センチの長身は、まるでモデルのようだ。

「今日はあまり難しいことはしないようにしますよ。お粥を作っていきます。夏に向かってトマトを用意しました。酸味を入れ込んださっぱりとしたトマト粥。家庭料理ですから、お出汁から作っていきたいと思います。トマトでグルタミン酸のうまみを。で、どうせならやっぱりリコピンが多いほうが血液サラサラになってストレス解消にもなりますから、できるだけ赤いトマトを選んでください。それから……」

ようこそ、浜内千波ファミリークッキングスクールへ。立て板に水の如く、浜内が献立と作り方を説明する。メニューは野菜の即席漬け、豚肉の春雨煮込み、塩春巻き、両面焼きそば、トマト粥の5品。12人の生徒の前に出されたのは、裏表に文字だけが印刷されたペライチのA4用紙のみ。写真もない。浜内は喋り続け、生徒は一心不乱にメモをとる者、ひたすら集中して話に聞き入る者、さまざまだ。

「まずはお粥を作る、叩きキュウリを作る、それから春巻きを巻かなきゃいけないの。みんなで巻きーの、揚げーの、焼きそばを作りーの。そんな状態でやって。今日は油っぽいから、叩きキュウリは絶対に食べてほしいと思います。胃もたれしちまいますからね。よろしくお願いしますね。さあ、みんな疲れましたけどやりましょう。お願いします！」

なめらかな喋りに時折荒っぽい言葉遣いが混ざるのが、浜内の魅力だ。30分にわたる疾風怒濤《しっぷうどとう》の解説が終わると、生徒たちは蜘蛛の子を散らすようにキッチンへと向かった。

役割分担について、事前の指示はない。各自が自分でやることを見つけ、すぐに取り掛かる。食材を切る者、それを火にかける者、使ったそばからキッチン用品を洗う者。まるでブートキャンプのよう。

インタビュー前夜に見学したスクールは、活気溢れる場だった。気取ったところがまるでない。定員は常に満杯。5年待ちで入会した生徒や、九州や東北から通う者もいる。

料理研究家の浜内千波は、1955年に徳島県海部郡海南町（現・海陽町）で5人きょうだいの末っ子として生まれた。漁網に使う糸の生産を家業とし、父も母もよく働く人だった。

「小さいころから親の商売を間近で見てきました。絶えずいろんな方たちが家に出たり入ったりする状況で育ったんです。両親が人前でいつもニコニコ頑張ってる姿を普通と思っていたものですから、しんどいと思ったこと、私はあんまりないんですよね」

大阪の短大で栄養学を学び、証券会社でのOL生活を経て20代半ばで東京に出てきて以来、浜内もずっと走りっぱなしだ。コロナ禍以前は月に8回、昼夜に料理教室を催し、それ以外の平日はテレビやラジオに出演。合間に雑誌やWEBの取材を受け、連載の原稿を書き、自著に掲載する料理を作って撮影に立ち会い、多いときは月に5

00を超えるメニューを考えながら、土日は地方で講演会や子どものための料理教室を開く。朝は6時半に起床し、夜は1時か2時ごろに就寝する生活を約40年続けている。

「うちは5人きょうだいで、なにをするのも競争でした。父が『タオルを取ってこい』と言ったら、取ってきた子どもが10円をもらえる。そうやってお小遣いの金額が違ってくるんです。私は末っ子だったけれど、一番になりたかった。いつも父親に好かれるようにやっていました」

優しく料理上手な母と、絶対的な存在としての父。

「父親が喜ぶ顔を見るのが、私の正解の道だと思っていました。自分のやりたかったこと、やれなかったこと、すべてが父親を軸に回っているんですよね」

父の期待に応え、父を喜ばせるために生きなければと浜内が考えるようになったきっかけは、家族の死だった。

「私が小学校5年生のとき、すぐ上の兄が病気で亡くなったんです。そのときに初めて……母は3カ月間くらいボーッとして、気が狂ったようになって。それまで弱いところを見せなかった父親は3日間起きてこられなかった。言葉には出しませんでしたが、きょうだいみんなが『親を悲しませてはいけない』と強く思いました。それからは、鎧《よろい》をしっかり被って、いつも元気でいなきゃと。両親の言いつけを守るいい子にしなきゃって」

親の期待に応え、浜内は朗《ほが》らかな幼少期を過ごしていた。最初の困難にぶち当たったのは、中学生のときだ。持ち前の明るさで級長まで務めたが、ちょっとした勘違いからいじめに遭い、内気な性格になった。

「いじめは丸2年続きました。両親にも言えず、ずっと苦しんで。うちは海岸が近いので、海に行ってみたりもしたんですけれど、ここで一歩前に足を進めたら、両親がまた悲しむと思いとどまりました」

高校入学と同時にいじめはなくなり、浜内は徐々に明るさを取り戻す。

「高校生になったとき、なにか恩返しをしなきゃと1週間に一度だけ、友達と校庭を掃くのを1年間続けたんです。でも邪念があって、どこかで見てくれている人が居るんじゃないかな、なんて。大学を卒業して入った証券会社では、今度こそ邪念なしにちゃんとやらなきゃと思って、掃除の人が来る前に出社して、みなさんのデスクを拭く決心をしました。丸3年間、一回も休まずやったんですよ。いまもなにかあったときには『あのとき、やれたじゃないか』という自負になっています」

机拭きは欠かさなかったが、勤めを続けていくなかで気づくこともあった。

「頑張ればそれだけのものが得られる、というのはなかったですね。あくまで大きな歯車の一つで、しかも『その輪から出ちゃいけないよ』という働き方を求められていました。私は一生働きたいと思っていたけれど、社会がそういう時代でしたから、ここでいくら頑張っても駄目だなと思って」

男女雇用機会均等法が施行されるより、ずっと前の話。大手企業に就職しても、女性の仕事はお茶汲みやコピー取りばかりだった。女性社員は男性社員のお嫁さん候補であると公言するのも憚《はばか》らない時代だ。頑張れば誰かが認めてくれる、が父の口癖だった浜内にとって、砂を嚙むような日々だったろう。

「恥ずかしいんですけど、実はスチュワーデスになりたくて試験を受けたことが一度だけあるんです。でも父親が『飛行機に乗るのは怖いだろうが』と反対して。私自身もそう思っていたところもあり、そのときは引き下がっちゃったんですね。それで、OLを続けました」

親を悲しませたくない、めいっぱい期待に応えたい。その気持ちは浜内の原動力でもあり、ストッパーでもあった。アクセルもブレーキも父だったとも言える。

働き始めて2年半、悶々とした日々のなかに、浜内の心をとらえて離さないものが生まれた。『女性セブン』の料理記事だった。ボルシチなど見たこともない料理がページを彩っていた。作り手は料理研究家の岡松喜与子。当時、一世を風靡《ふうび》していた料理研究家のひとりだ。

居ても立っても居られず、浜内は大阪から岡松料理研究所に電話を掛けた。その数、50回。ようやく岡松が電話を取ったので、とにかく会ってほしいと頼み込む。料理研究家として一生働きたい。新しい夢が生まれた瞬間だった。

運良く岡松に会えることになり、浜内は東京で思いのたけをぶつけた。その足で大阪にトンボ返りし、両親の説得にかかる。しかし、父は「石の上にも3年」と浜内の願いをあっさり却下した。

「それもそうだと納得しました。だから3年は我慢したんです」

反対されながらも、浜内は密かに岡松へ連絡を取り続けていた。またしても、電話はなかなか取り次いでもらえなかった。

「もう駄目だ、もうあかん、と思いながら、ここであきらめたらどうなるんだとも思っていました。浜内千波のなかに、もう一人の浜内千波が居るわけです。怖いと怯える自分と、もう一人の冷静な自分が。いままでの自分が嫌だったから、変わるんだったらここからやらないと、この橋は渡れない。成し遂げないと父親に仕事を辞めるとは言えない」

最初に岡松へ電話をしてから、100回はかけただろうか。ようやく取り次いでもらえたとき、岡松から「来週からいらっしゃい」という言葉が聞けた。

この夢だけはあきらめない、絶対に成し遂げると浜内は固く自分に誓った。もう、後戻りはできない。

「やっぱりアクションを起こすのは大切なことだと思います。後からこうだった、あだったとは言いたくないから。改めて両親に手紙を出しました。父親に好かれようと思って、父親の言葉がすべて正しいと思ってやってきたけれど、実はやりたいことが他にあると書いて」

皮肉なことに、父の志を継ぐには、まず父という壁を越えなければならないのだ。そして、ついに浜内の熱意が壁を越えた。

「父親が『成功するまで帰ってくるな』と言うので、『わかった。故郷に錦を飾るまでは絶対に戻ってこない』と答えたのを、いまでも覚えています」

岡松のアシスタントとして、昼夜を問わず働き詰めの日々を2年と数カ月。ストレスから体重は30キロも増量した。

ちょうど独立を考えていたころだったので、「当時のふくよかな料理研究家と差別化を図ろうと、一念発起でダイエットを敢行した」と、浜内は1995年の雑誌インタビューで答えている。1年で体重を元に戻し、以来リバウンドはしていない。やると決めたらとことんやるのが浜内流だ。

まだダイエット中だった25歳のころのこと。念願の料理教室を開いたばかりの浜内に運命の出会いが訪れる。CMプロデューサーの寺岡勇造と仕事を通じて惹かれ合い、生活を共にするようになった。しかし、籍を入れたのは、それから20年以上あとのことだ。

「すぐ一緒に住み始めたんですけど、両親にもきょうだいにも全く知らせませんでした。ほとんど誰にも知らせていませんでしたね」

付き合い始めてすぐに、浜内は寺岡を両親に紹介していた。しかし、父の反応は芳しいとは言えなかった。

「駄目だこりゃ、と。もう一度チャレンジしたんですよ。でも寺岡の打ち合わせが長引いてしまって、待ち合わせの時間に来られなかったの。それで１００％駄目。携帯電話がなかった時代ですから連絡もなく。それから、寺岡という人間は私の親の前から消えました」

一度越えたらそれでよし、とはならぬのが親の壁なのだろう。

幸い寺岡も婚姻という形にはこだわりがなく、お互い仕事が第一という生活を送っていた。二人の関係はつつがなく続いたが、父は「まだ早い。お前は結婚するな」と繰り返した。

「それでも、父親が危なくなったときには一緒に病院へ行ってくれたんです。寺岡はとっても優しい人間で、下の世話を一番にやってくれた。父親自身が恥ずかしいと思っていたことを、男同士でやってくれたんです。そこからギューッと柔らかくなったような気がしました。5回目に訪問したのが死ぬ3日前で、そのときに父親が『一緒になれ』と手と手を握らせたのかな。それが最後でしたね」

浜内も寺岡も46歳になっていた。20年に及ぶ隠密行動が無事に終焉《しゅうえん》を迎えられたのは、二人が長年望んだ一軒家を建てたタイミングと重なったこともある。家とともに犬を飼い、庭の手入れも15歳の老犬ミントの世話も二人でする。

「同志とも違うんですね。同じ方向に向いてはいるんですけど。長く籍を入れなかったので、まだ胸キュンなんです。ちょっと恥ずかしい部分を持っていたり、かわいい部分を見せたいと思っていたり。変な意味で一線を越えないみたいな、そこはありますね」

経済的にも精神的にも自立した大人同士だからこその成熟した関係だが、寺岡と付き合い始めた当初の浜内には大きな借金があった。健全ではあるものの、不本意な結果の末の借金でもあった。

縁あって、知人と3人で始めた料理教室でのこと。生徒を増やそうと奮闘する浜内に対し、残りの2人はのらりくらりと頼りない。やがて1人は本業の仕事が中心になり、オーナーだったもう1人は料理教室への興味を失い、浜内に権利を売ってしまった。どうしても教室を続けたかった浜内には、銀行からの借り入れ数千万円が残った。

「お恥ずかしい話ですけど、それだけじゃないの。その後、一緒に仕事をした人の使い込みが発覚して裁判沙汰になるかなということもあったし、応援していたミュージシャンに貸したお金も返ってきませんでした。納得してやっていたから、それはいいんですけど。代理店から受けたプロジェクトでは間に入った会社が倒産して1000万くらいやられたこともあったし、合計で4回ですね」

ざっと計算しただけでも結構な額になる。ニコニコと笑みを絶やさず、浜内は話を続けた。

「それがあって私は生きてこられてるので、ありがたいと思ったりもします。でもちょっとだけ打ちひしがれもして。ああ、私ってこんなもんだな、なんて。でも、夫が言いました。『あんたね、だますよりだまされたほうがいいかもね。楽だよ』って」

現在、浜内は自宅とスクールの他に、撮影用のキッチンスタジオとして使う立派な一軒家も所有している。転んでもただでは起きぬのが、浜内千波の強さだ。

「めげないですね。私はヒマワリが大好きなんです。ヒマワリだけはいつも太陽に向いているので。岡松先生からいただいた絵もヒマワリでした。私はお母さんにはなりきれてないんですけど……子どもが居ないのでね。でも、やっぱりちゃんと太陽に向いているお母さん方と一緒に生きていけたらいいかなと思ってます」

浜内千波ファミリークッキングスクールは、材料費込みで一回3500円（2019年当時）と、かなりリーズナブルだ。浜内自身の自己拡張のパターンとして、大学教授になったり、限られた人に高額で高級料理を教えたりすることは考えなかったのだろうか。

「ないですね。私が主婦だからかもしれません。家計と家族を預かって、幸せになることが生きる証《あかし》だと思うんです。家族を一人亡くしちゃっているもので、健康でないと家族が大変なことになるということを、小学校5年生のときに学びましたから。父親と母親が私たちに『元気にしてもらわないと困る』というようなことを言ったのが、私の軸になっているんだと思います」

浜内が教えるのは調理法だけではない。食材の持つ栄養素と、それを効率よく体に吸収させる術《すべ》も惜しみなく伝授する。

「スーパーに行っているときの顔は、本当の顔です。真剣に選んで、一生懸命持って帰ってお料理をしている姿がなによりも素敵。輝くって、そういうことだと思うんです。女性が輝いているところで、私も一緒に輝きたい。1円でも安く、毎日おいしいもの、プラス、愛情。そこを超えないでいきたいですね」

仕事の帰りがどんなに遅くなっても、浜内は夫に料理を作る。二人で食卓を囲むのは至福の時間だ。片付けは夫が担当する。毎回、シンクの内側まで、乾いた布で綺麗に拭きあげる。

浜内の考える「料理」は、非日常の一皿ではない。家庭で日常的に、家族の心と体を健やかに作り続けるものなのだ。家族を一人も欠かさないために。

浜内のレシピでは、高級食材や特別な調味料は一切使われない。

「だって、ご家庭で持ってらっしゃいませんもの。『PON!』（日本テレビ系）という番組でお料理コーナーを長年やらせてもらって、データを調べた結果でもあります。視聴率にどんどん跳ね返ってくる。もう、究極。とにかく材料が少ない、調味料が少ない、簡単にできる、これが大事」

塩分は調理する食材総量の0・8から1％という理論は、アシスタントと手分けして作らなければならぬ生放送特有の調理スタイルから生み出されたものだ。「玉ねぎふたつに塩小さじ半分」では、玉ねぎの大きさによって味が変わってしまう。毎日の料理で失敗を恐れず済むように、浜内は料理教室でも徹底して食材の計量と塩分計算を生徒に仕込む。それさえ覚えれば、量が増えても減っても動じずに済む。

『PON!』以外にも多くのテレビ番組に出演してきた浜内は、料理研究家という職業の社会的な地位向上にも関心を寄せている。

「料理研究家はとっても地位が低いんです。テレビ局に行ったらよくわかります。シェフと違って、自分たちの好きなものを片手間でやっていると思われている。だから私のやるべきことは、ちゃんとした仕事なんだ、ビジネスなんだ、と伝えていくことなんです」

そもそも、「女が家でやる仕事」が低く見られているからだろう。そう思うと腹立たしい。

インタビューの終盤、スーツ姿のサラリーマンが何組もキッチンスタジオを訪ねてきた。浜内が携わる大手小売業者のメニュー作成プロジェクトに、大手食品会社を紹介するのだという。

「コラボするとおいしくなるでしょう。それに何万食、何十万食ですから、まず安定供給がないといけない。妥当な金額と安定供給を叶えるには大手企業を知っておかないとメニューが成り立たないの。あとは栄養計算と塩分計算。一日120万食作っている事業所給食のメニューも手掛けてます」

スーパーで真剣に買い物をする生活者の目線と、大局から日本の食を見据えるビジネスウーマンの目線。浜内はその両方を持つ。

家庭の台所と中食の両サイドから攻めていく戦法は、徐々に功を奏し始めた。

「事業所給食のメニュー作りは4年目になりますが、いままで顆粒のグルタミン酸ソーダを使っていたのが、今年（２０１９年）から使わなくなった。だから、やればできると。理論と実践をちゃんとやっていけば、ひとつずつ実になっていく」

浜内の瞳に野望の炎がメラメラと燃える。高校時代の校庭掃除、ＯＬ時代の机拭き、岡松喜与子への電話攻撃。やり遂げマニアの浜内のことだ、これも近い将来実現するに違いない。

「私たちが変わるんじゃなくて、企業が食を変える仕組みを作らないと。日本の食は家電メーカーが変えます。白物家電が変えます。あとは外食産業が変えます。だから、それらを変えていこうと。これが今後の目標でございます」

鬼籍に入った浜内の両親は、天国から目を細めて娘の活躍を眺めていることだろう。もちろん、早くに他界したすぐ上の兄も。

冒頭で紹介した料理教室は、30分のレクチャーのあと1時間弱で5品を作り、おいしいおいしいと生徒さんたちが食べ、互いを労《ねぎら》い、キッチンを片づけて再び扉を開け、スッキリした顔で帰路に就くまでたったの2時間。凄まじいスピードだった。料理をおすそ分けしてもらったところ、どれも素材の味がしっかりと感じられるど真ん中の家庭料理だった。「食べものが人を作る」という、当たり前だがないがしろにされがちなことに、浜内は全身全霊を傾けている。

家庭と企業。両サイドから日本の食を見据える浜内千波の覚悟から、目が離せない。

（2019年8月16日発売号）

辻希美

「頑張っていれば、悪いことはないのかなって。何事も」

つじのぞみ／1987年東京都生まれ。2000年「モーニング娘。第3回追加オーディション」に合格し、デビュー。17歳で卒業。19歳で俳優の杉浦太陽との結婚を発表。自らの日常を紹介するYouTube「辻ちゃんネル」は、登録者数120万人の人気。15歳、12歳、10歳、4歳の4人の子の母。育児の傍ら、テレビ、イベントなどの出演の他、レディースブランド「Ange Charme」のプロデュースも行う。

ごく稀《まれ》に、自分のラジオ番組のゲストに芸能人をお招きすることがある。2年ほど前（2018年）に辻希美を迎えたのは、「スーパー総選挙」の週。リスナーの好きなスーパーマーケット第1位を決める、人気企画だ。

辻にお気に入りのスーパーを尋ねると、普段使いしている「アコレ」「イオン」の他に、生鮮食品を中心に取り扱い、東京都、埼玉県、千葉県、茨城県に店舗展開する「コモディイイダ」の名を挙げた。理由を問うと、「鮭の切り身の塩加減が絶妙なんです」と、彼女は答えた。

中規模以上のスーパーにはたいてい、トングでつまんでビニール袋に入れる、1枚いくらの鮭の切り身が生鮮食品売り場のバットに並べて売られている。不思議なことに、スーパーそれぞれの鮭は味が異なるのだ。辻はそれを、身をもって知っているということ。

1987年東京で生まれ、2000年に12歳でモーニング娘。のオーディションに合格した。同期は石川梨華、吉澤ひとみ、加護亜依。追加メンバーは3名のみの予定だったが、プロデューサーつんく♂氏の判断で、辻も追加合格となった。のちにつんく♂氏は『月刊BARKS』のインタビューで「なんか持ってるヤツというのはキランとするはずなんです。放っといても」と、辻の存在感を評している。

普通の小学6年生が、一夜にして国民的アイドルグループの一員になった。辻は学校に通いながら、モーニング娘。の活動に明け暮れる。

「アイドルに憧れたのは、小学校4年生ぐらい。SPEEDが好きで、家では新聞紙とラムネの容器でマイクをつくって歌ってました」

2000年5月、モーニング娘。9枚目のシングル『ハッピーサマーウェディング』でCDデビューを果たしたのち、身長150センチ以下のメンバーで構成されたグループ、ミニモニ。としても活動。抜群の運動神経で、ハロプロフットサルチームではゴレイロ（ゴールキーパー）に抜擢された。

「あっという間だったんですけど、一番濃くて、長く感じたかな〜って思いますね。忙しすぎて、もうなんにも記憶がなくて。友達と遊びたいなと考える時間もなく、反抗期もなく、ひたすらにやることをやって、空いた時間で寝る。一日がどこからどこまでかもわからない生活だったので」

学校へは、母の運転するママチャリの後ろで、ご飯を食べながら通っていたという。

「トイレで制服から洋服に着替えて仕事へ行くみたいなことを、もう、ずーっとやってました」

加護亜依とのユニットW（ダブルユー）結成ののち、２００４年8月に、辻はわずか17歳でモーニング娘。を卒業した。

コアファンの見立てとは異なるだろうが、私のような外野からは、卒業後の滑り出しは順調には見えなかった。期待度の高かったW（ダブルユー）の活動は休止し、フットサルチームからも離脱。本格的なソロタレントとしてのキャリアを開始して間もなく、19歳で俳優の杉浦太陽との結婚を発表。おなかには第1子がいた。

当時、現役人気アイドルの結婚は、早すぎる「ママゴト婚」と揶揄《やゆ》され、スキャンダラスに報じられた。辻の母も祖母も、第1子を20歳で出産していたことなど、世間は知る由もなかった。

出産のあともマスコミが手を緩めることはなく、母親らしからぬ服装だ行動だなんだと、容赦のない辻バッシングが続いた。

「でも、自分が選んだ道っていうのもあったし、迷惑をかけてまでもこっちを選んだので、私はこれをがむしゃらにやらなきゃいけないっていうのがありました。ただ、世間に認めてもらいたい気持ちはなかったですね。もう、お仕事もできないだろうと思っていたので」

出産当時の辻は20歳だが、仕事を始めたのは12歳だ。新卒で8年間必死に働いた女性が最初の育休で感じる不安を、辻も抱えていた。

「結婚当初は旦那さんも泊まりの仕事が多かったので、留守が重なったんです。ゆっくり二人で話す時間はそんなになかった気がする。最初の1年半ぐらいは本当にしんどかった。洗濯もしたことなければ、料理もしたことなかったので必死でした。当時はスマホもなくて、クックパッドも見られなかった。料理は本を見たり、お母さんに電話したり。料理本はいっぱいあって、開いて作ったページがすごい汚れて。つぎ作るのに文字が見えないとか、しょっちゅうありました」

いまほどSNSが盛んではなかったため、同じ悩みを抱える仲間に出会うことも難しかった。

「そのころは母もちょっと離れて住んでいたので、悩んだときにすぐ会えることもなく。同じような環境の友達もいなかったので、しんどかったですね。友達に電話しても、昼間は寝てて、夜は飲みに行ってる。20歳超えてね、みんな。成人式もあったり。ほんとにきつかったんですよねえ」

昔を懐かしむように、辻は笑みを浮かべて話す。皮肉にも、モーニング娘。時代に続き、またしても、同世代と同じ日常を過ごせない生活が始まってしまったわけだ。

息が詰まることもあっただろう。

「スーパーに行っても、セール品のシールが貼ってあるのを買っていいのかなって。いつ見られてるか、いつ撮られてるかわかんない生活だったので、買ったら言われちゃうのかなとか、そういうのはありました」

結婚から1年半ほど経った2009年1月、辻は仕事復帰と同時にアメーバブログをスタートした。

ネット炎上の歴史が、辻のブログと並走したと言っても過言ではない。料理の写真をアップすれば「ハンバーグは煮込みばかり」「ウインナーの使いどころがおかしい」と言い掛かりをつけられ、子どもについて書けば「育て方が間違っている」と無責任な意見が飛んでくる。いちゃもんだらけで、もはや大喜利のようだった。

辻楱の合わない世間の揚げ足取りには、共通点があった。どれも、彼女が母親として非常識だ、不十分だと言いたいものばかり。辻に母親不適格の印を押したくて仕方がない匿名の声をもとにしたネットニュースが、毎日のように配信された。

市井《しせい》の人間でも、これだけ叩かれたら見た目だけでも日和《ひよ》るのが人の性《サガ》だと思うが、辻は世間一般で言うところの「母親らしくない」ギャルママスタイルを貫いた。

「昔からそうなんですよ。自分の中で、髪型がこうとか、メイクがこうっていうのがあると、誰になにを言われても、『こうがいい！』って。ちょっとわがままからの頑固みたいな性格ではあったので。ママだからこれしちゃいけないみたいなコメントもあったりして、えっ、『ママだから』ってなに？　おしゃれしちゃいけないの？　と。そういうの私は納得できなくて。ちゃんとやることをやっていたらいいじゃんって貫いてきたのかな。いま思えば、確かに……って思うところはありますけど、それがあってのいまなのかなって」

逆風には強いタチなのだろう。２０１９年に始めたYouTubeでは積極的に日常の様子を配信しており、同世代の子を持つ一般家庭が共感できる飾らない生活が人気だ。冷蔵庫のなかを見せる企画では、辻の炎上の代名詞であるウインナー（使用頻度が高すぎる、使う場所が不適切、など余計なお世話で幾度となく話題になっている）を、こともなげに笑顔で紹介していた。私なら、絶対に隠す。

「ウインナーに関しては、そこまで気にしてなくて。でも、家族ネタはきつかったです。自分のことを言われる分にはいいんですけど。娘や家族のことを悪く言われるのはきつかった」

ネットでライフスタイルを発信する彼女には、当然、実生活がある。幼稚園や小学校に子どもが入学すれば、辻に対する世間の評判がインストール済みの保護者たちと対面することになる。

「多分、いろいろ言われていたし、敵みたいな感じの方はいっぱいいたと思うんです。でもそれ以上に、いいママ友の仲間がいたので、あんまり悩むほどではなかったかなあとは思います」

辻は変わらずブログを書き続けた。やがて、アンチばかりが目立っていたネットの声に変化が起きる。インスタグラム、TikTok、YouTubeと、生活を見せる場が増えるたびに女性ファンが参入し、好意的なコメントも増えた。

「過去にいろいろ言われちゃった時期があったので、いま自分が置かれている状況は、正直、ちょっと怖いなって思っちゃうくらい、びっくりしています」

潮目はどこで変わったと認識しているのだろうか。

「この2年くらいかな。一番変わったのは4人目を出産してから」

2010年に第2子となる男児を、2013年に第3子、2018年に第4子を出産し、33歳の現在は（2020年当時）1女3男の母となった。

「本当に私、最近だと思うんですよ、母親になれたのが。いま思えば、1人目で悩んでたことって、結局自分のことじゃないですか。大変で、つらくて、もっと自分の時間が欲しい的な悩み。みんなはいいな、とか。その悩みはまったくなくなって。自分の悩みが全部子どもに関しての悩みになったとき、お母さんの気持ちってこうなんだなって思えました。ほんと、ここ最近です。常に、自分よりも子どものことばかり考えてる」

YouTube番組には、息子たちも多く登場する。流しそうめんスライダーを作る場面では、いくつか選べるパターンのなかから、最も複雑な形のスライダーを作りたいとせがまれていた。

かなり面倒な作業に見えるため、うまく言いくるめて簡単なほうを作らせようとする親も少なくないだろうが、辻はそうしない。冷やし中華を作る動画では、麺と具を別皿にとりわけ、子どもが好きな具を好きに選べるようにする。子どものやりたいことを、一貫して尊重するのが辻流だ。

「あんまり制限はかけたくないかもしれない。とりあえず、やりたいと言ったことをやって、どう思うかって。最近は、兄弟喧嘩もそうですね。相手を叩いたら、自分も痛いということを、学べ学べと思っています」

尊重の力は、いつごろ身についたのだろうか。

「1番目のときは、いちいち気を張ってる自分がいました。汚さないか、こぼさないか、怪我しないか。その気の張り方は、いまはまったくない。多分、キャパが広がったんです」

周囲の反応と並び、自分が劇的に変わったのも第3子と第4子を出産してからだそうだ。

辻を初めてラジオのゲストに招いたときのこと。簡単に作れるレシピをリスナーから募集し、ゲストに食べて一番を決めてもらう「雑うまレシピ」企画に参加してもらった。

辻が選んだのは、市販のミートボールを潰してとろけるチーズと一緒に食パンに載せ、オーブンで焼いたピザ。選んだ理由を尋ねると、「子どもと一緒にできる作業があるので、作る段から楽しめるから」と答えた。

頻繁に更新されるブログやインスタグラムは、写真を撮って、落ち着いた時間に上げる。チャンネル登録者66・7万人（2020年9月時点）のYouTubeも人任せにはしない。

「子どもが寝ている間に撮影して、編集してっていう感じです。撮ったものをカットして、1本の動画にするところまでは自分でやっています。自分でできるようになったら、自分なりの動画だったり、本数を増やしていけたりするのかなって。もともと、ものを作り上げるのは好きなほうだったので、苦ではなくて。逆に、なにかに集中できるのが好きです」

自分の時間がもっと持てたら、配信動画の本数を増やしたいと言う。なにが彼女をそこまで駆り立てるのか。

「やっぱり、ちゃんと自分に返ってくるからというのがあると思います。街中で『見てます』とか、『勇気づけられます』とかって声を掛けられると、さらに頑張ろうって思えるし。共感してもらえることが一番うれしい。『応援』よりも、『共感』が私はすごくうれしくて、やり甲斐があって、うれしい言葉です」

辻は、「うれしい」を何度も繰り返した。

「私も、4人子どもがいるとか、大家族ものとか、いろんなお母さんたちのYouTubeを見ると頑張ろうって思えるので、すごい刺激になってる」

辻にとって子育ては共感であり、共闘なのだ。

第1子の子育て中、辻には思うところがあった。

「ひとりで育児をしていたときは、この選択をしなかったらどうなってたかなと、ちょっと違う方向を考えちゃった時期がありましたね。ご飯作ったり、掃除したり、子育てしたり、主婦も主婦なりに頑張ってる。でも、それが当たり前と思われて、褒められるところがない、タイミングがない。自分の中で、『いや、頑張ってるんだけどなあ』と思う時期はあってきた」

ＳＮＳの配信は、辻にとってその思いが報われる場でもあるのだ。

「世間の男の人にも、奥さんを褒めてほしいってすごく思っています。奥さんがあってこそ、お父さんの仕事ができているので」

ここ数年は夫との喧嘩もグンと減った。溜め込みがちだった悩み事は、夫に話すことが増えたという。

「解決のある喧嘩ならいいんですけど、喧嘩って結局、頭ごなしにお互い言い合うものなので。ぶつかったところで離婚できるわけでもないし、嫌な空気になるだけじゃないですか。なので、喧嘩をせずに話し合う」

以前は夫が台所に入るのを嫌うタイプだったが、それも変わった。

「４人目となったら、夫婦が本当に協力をし合わないと無理ですね。理想だけを求めていたら、いっぱいいっぱいになっちゃうので。洗い物もやってもらうし、ご飯もたまにつくってくれます。３人目４人目あたりでの、お互いの成長はすごく大きい」

７歳上の夫、杉浦太陽との交際は、辻の猛アプローチから始まった。19歳にして、生涯の伴侶を見極めたポイントはどこだったのか。

「友達がいっぱい周りにいたのが一番です。そういう人には悪い人はいない。自分から行かなきゃなにも始まらないって思ってるので。もう、当たって砕けろって」

幾度かの辻からの突撃の末、二人は晴れて付き合うこととなった。

都心に住んだ時期もあったが、数年前から生まれ育った板橋区に戻った。緑の多い住宅街で、ゆったりと流れる空気が心地よい。すれ違う住民にもピリピリした気負いがない。

「子育てはすごくしやすいです。公園も多いし。この辺りだと、ひと家庭に子ども4〜5人が普通なんです。多いと8人とか。都心に住んでいたら、4人目は難しかったかもしれない」

コモディイイダで1枚100円の鮭を買い、緑の多い地元で、子どもを公立校に通わせる。

芸能人なのに。私は再び思った。

たとえば港区の高級低層マンションで暮らし、子どもをインターナショナルスクールに入れることもできたはずだ。そういう「あがり」方もある。

「都会は不便ですよ。もう人が多い、車が多い。私たちは芸能界というところで働いているけど、子どもは一般人だし、私は普通の子と同じように生活してこれなかったんですけど、子どもには普通でいてほしいので。普通の学校に行って、私の生まれ育った場所で普通に生活してほしい。またそれも、『母親だから』みたいなことと一緒で、芸能人だから私立にとか、そういうのは好きじゃないんです。子どもにとっても、私にとっても、一番いい環境がここであって、母親になってまで、見栄を張るとか、作った自分でいたくない」

家具はニトリ、服はしまむらで買う辻は、成城石井をヴィトンだと言った。YouTube動画には、「トップバリュ（イオンのプライベートブランド）が多くて親近感がわく」といったコメントがつく。

「夫婦ともどもそうなんですよ。贅沢は、年に1回の結婚記念日にご飯を食べに行くこと。常にそれをしていたら贅沢って思えないから、普通の生活をして、記念日においしいものを食べるのが好きです」

モーニング娘。の『ザ☆ピ〜ス！』という曲に「選挙の日って　ウチじゃなぜか投票行って　外食するんだ」という歌詞があるが、辻はそれを地で行っている。

「SNSも作り込んでないから続けられるのであって、背伸びして頑張ったら、多分苦痛になってる」

地に足をつけ、あくまでも「普通」にこだわるのは、周囲の誰よりも早く仕事を始めたからだろうか。

「モーニング娘。時代は一番下の立場だったので、やらかしても先輩がフォローしてくれるという甘えはちょっとあって、わりと自由にやっていました。モーニング娘。を卒業してソロになってから、全部自分に返ってくるようになって。イメージだったり、次の仕事だったりに、全部ついてくるのを学んだんです。根本的にそんなには変わってないと思うんですけどね。自由に自分らしく」

子どものころの「自分らしさ」を、辻はこう振り返る。

「昔は人前に出るのも一切ダメで。お母さんの後ろに隠れているタイプ。ただ、バレーボールをしているときだけは、ずば抜けて違う自分がいたんです。多分その自分が本当の自分で、いま、それが出てきている」

インタビューに同席してくれた長年の女性マネージャー、ばっしーさんは、辻をこう評した。

「ブルドーザみたいな感じで自分の道を行っちゃうので、こっちがハンドルを握るのは難しいんですよ。だったら、ブルドーザの行く先の道を動きやすくなるように作ろうと思って。道を大きく曲げるのは難しいんですけど、少し曲げるのはできる」

納得しなければ辻は絶対に言うことはきかないと言うばっしーさんの言葉に、辻は神妙にうなずいた。

「モーニング娘。に入ってからも、センターに行きたいとか、前に出たいという気持ちは一切なくて。後ろでも、そこまで気にはしてなかったんですけど、ソロになって自分の意思が強くなっていくごとに、なんでセンターじゃなかったんだって。前に行きたかったなあって、いまは思います」

自信が持てず、自分を好きになったことのない10代だった。

「声を掛けてくれる方が増えてから、30歳過ぎてからですね。少しずつ自分に自信が持てるようになったのは。いまもコンプレックスはあると思うんですけど、それを逆にどう生かそうって思うようになりました」

世間の33歳は、思い通りにいかずオロオロしてばかりの人も少なくないだろう。私も自身の未婚子ナシが不完全だとは思わないが、大人になるのが遅くなりがちなのは否めない。辻の余裕は子育て由来なのか。

「基本的には、人を信じていないんです。家族ですらも100％は信じてない。信じなきゃいけないのかもしれないんですけど、信じ切ってて裏切られたときのショックが大きいので。仲のいい友達に裏切られたときは、本当にもうびっくりするぐらいショックだったので。でも、そういう経験をして、いまの自分の、全員100％は信じないスタンスが、わりと余裕につながっていたりしている」

冷徹なのではない。勝手な期待はしないということなのだろう。

「何事も期待はしないです。すべてにおいて。子どもにも。その子の中で、ちょっとでもなにかできてればいいって思っています。周りの子はできているのにと言われることもあったんですけど、いや、でも、この子なりにできてればオーケーっていう」

料理本は2冊上梓している辻だが、育児書は出していない。

「育児は本どおりにはいかないので。育児してる人がそれを読んで、子どもはこうなんだって思うとすごいプレッシャーになる。実際、自分も育児書を見て1人目を育てて、そういう気持ちになりました。100人いたら、子どもは全員性格も違うのに」

辻が子育て世代から支持される理由が、凝縮されたような答えだ。

「長女の場合は、女の子というのもあって話すのは年齢どおりだったんですけど、2人目は男の子が初めてで、まだ必死でした。3人目から全然変わりました。男の子でも全然違うじゃんって。もう、一人一人見ようって思いました」

普通にこだわる辻は、過去に戻れたら同じ選択をするだろうか。

「そこなんですよね。いや、でも、お母さんのために、もう一回この選択をします。普通の子だったら、もっと迷惑かけちゃってたし。それこそ反抗期もすごかったのかなあとか。普通の子として中学校生活でできなかったこともあるんですけど、もちろんお母さんも経験できなかったことがあるんですけど、その分、全然違う部分の自分を見せられた。大変なことはあったけど、私は、いまの自分の人生は好きですね」

母親の話をするとき、辻の表情には娘と母親、両方の顔が混ざる。

「私が思春期の娘とぶつかったとき、母が冷静にポンって言ってきたりする。私は、そういう考えもあるんだ〜とか、そういう受け止め方もあるんだ〜と。全体的にこう、なんて言うんでしょうね。わかんないんですけど、それこそキャパが全然違うんですよ。できることってまだまだあるんだなって思わされる言葉や行動を母がしているので、すごいと思います」

反抗期に入った娘について、辻は「私に反抗期がなかったから、気持ちがわかってあげられなくて」と、少し悲しそうな顔をした。

調理師免許を持つ母がハンバーガーショップを始めたいと言えば、背中を押して応援した。

「いままで母には自分の時間がなくて、やりたいことができなかったので、『じゃ、やろう』と」

たとえば別荘をプレゼントするなど、のんびりさせる方向の親孝行もあったのではないだろうか。

「別荘が欲しいという考えはない人です。母も私も嫌いなんですよ、座ってボーッとするのが。性格的に、止まると死んじゃう」

辻はたびたび「自分の時間」という言葉を使う。辻にとってそれは、のんびりすることではない。

「映画を観たいとか、お茶したいとか、誰かとご飯へ行きたいとか、まったく欲してないです。カップラーメン食べながら動画を編集したい」

辻は、社会的な評価が得づらい「専業主婦が一番大変」だと言う。

「主婦しながら仕事してるので、私には息抜きになる時間、ひとりになれる自分の時間があります」

暗闇のなかを彷徨《さまよ》う初めての子育てを経て、自身が自力で獲得した社会との接点や反響、やり甲斐といったかけがえのない光を、辻は店に託し母に授けたのだろう。

環境に恵まれた特殊な例ではあるが、現在の辻は、日が当たりづらかった在野の女性を全力で肯定する存在だ。好きな格好で家族のケアに取り組むその姿は、母親だからと世間の期待する像に囚われる必要はない、家事や育児も社会的評価に値すると、数多《あまた》の女性を勇気づけている。

オセロの石が綺麗に裏返ったのは、偶然ではない。うまく時代に乗ったからでもない。彼女が自ら、実直に楽しく生活する姿を、新しいアイコンとして世間に発信し続けたから。

「頑張っていれば、悪いことはないのかなって。何事も」

黒のタンクトップにジーンズとお団子ヘア。地元の景色にすっかり馴染んだ姿で、辻は微笑んだ。

（２０２０年9月24日発売号）

田中みな実

「この経験はしないほうがよかった、近道があった、と思うことはひとつもありません」

たなかみなみ／1986年、父の仕事の関係でニューヨークに生まれ、小学6年までロンドン、サンフランシスコなどを転々とする。青山学院大学卒業後、2009年にTBSにアナウンサーとして入社。『サンデージャポン』などで人気に。14年に退社。フリーアナウンサーとしてバラエティ番組のMCとして活躍。その後、更に活動の幅を広げ、19年に『絶対正義』でTVドラマ初出演。21年『ずっと独身でいるつもり？』で映画に初主演するなど俳優としても活躍中。

田中みな実。人気者の宿命なのか、とかく一面的に語られがちな人だ。TBS時代には「ぶりっ子」と呼ばれ、恋人と別れ落ち込めば「闇キャラ」と揶揄《やゆ》された。30歳を過ぎたら「結婚できない」レッテルを貼られ、ひたすらわかりやすい、極端なキャラクターを背負わされてきた。女優、タレントとマルチに活動する現在は、ストイックな「美のカリスマ」、または「あざとい」恋愛テクニックの持ち主として、多くの女性の心を捉えて離さない。人は本来、もっと複雑な存在であるはずなのに。

「テレビが人にキャラクターをつけたがるのもありますが、そういうカテゴライズって、一般社会で私たちも無意識のうちにやっていること。エンタメ業界は、それが突出してわかりやすい人が求められるんだと思います」

記号で語られがちな自身について尋ねると、彼女は柔らかい微笑みを湛《たた》え、こともなげに言った。

ならば私は、美容テクニックも恋愛事情も、彼女に尋ねないことにしよう。カテゴリーに収まった答えなど、欲しくないのだから。

彼女のキャリアは、嫌われることから花開いた。週刊文春の「嫌いな女子アナ」ランキングでは、2012年春にいきなり圏外から1位に躍り出たほどだった。とは言え、得票数はたった378票。それだけで、何十万人がそう判断しているような印象を与えられてしまう不条理。しかし、2年連続「嫌いな女子アナ」1位に選ばれた26歳の彼女は、週刊文春からコメントを求められ、こう答えた。

「アナウンス部に連絡があったんです。回答しなくていいと上司には言われたけど、『いえ、殿堂入りを目指します』とお答えくださいとお願いして、実際そのように掲載されました」

田中は「傷ついてはいたんだろうと思う」と、当時を振り返る。しかし、担当していた『サンデージャポン』という番組の特性もあり、テリー伊藤や西川史子、爆笑問題の太田光などの出演者は、これを面白がってくれた。

「決して胸を張れることではないけれど、番組で話題になるならば、いいかなって。身内も恥ずかしい思いをしたと思いますが、当時は逆転してやろうという気持ちもありませんでした」

私が初めて田中みな実と会った場は、TBSアナウンスセンターだった。彼女のキャッチコピーが「みんなのみな実」だった時代。

会うなり、彼女はメディアで目にする完璧な田中みな実として私に迫ってきた。本当の私は違うんですと弁明する素振りなど、まったくない。「スーさん！」と嬌声《きょうせい》を上げ、彼女が自腹で買った烏龍茶のペットボトルを、栓をゆるめてから私に渡した。世間が求める姿に、一分の隙もなく腹が据わっている。私は気圧《けお》された。その覚悟は、どこから生まれたのか。

田中は自身をこう評する。

「自分から積極的に発信したい情報は、ひとつもないんです。だからＳＮＳもやらない。自分という人間にそこまで自信を持てないし、自己評価は低めです」

60万部を突破した初の写真集『Sincerely yours...』発売時、プロモーションの一環として、田中は期間限定のインスタグラムアカウントを開設した。フォロワーは瞬時に２００万人を超えたが、期限が来ると、彼女は予定通りアカウントを閉じた。

「毎日更新して、新しい情報を提供しなきゃと思ってしまって。みんなが欲しいのはこういうので、どういうふうに撮ったらわかりやすいかなと、そればかり。ＳＮＳのために生きることになってしまうから、やめようと思いました」

なんとも勿体無い話だが、迷いはなかった。

いまほどの認知が広がる前、田中は長期休暇にひとり旅をすることが多かった。沖縄の離島には、ほとんど行ったことがある。

「ひとり旅が好きなわけではないんです。たとえば5日間のお休みがあったら、どこかへ行かなきゃいけないという気持ちになる。あとから尋ねられたときに、どこどこに行って、なにをしたと答えられないといけない気がしちゃって。誰かと行きたくても休みが合わないし、学生時代からの友人とはライフステージが変わってくる。人といると、どこかで気を遣っちゃうところもあって。子どものころから、サービス精神が旺盛なんだと思います」

祖母の口癖は「みな実は本当に気が利くね」だった。

「私はおばあちゃん子でした。祖母がぬか床をかき混ぜていたら『私もやる』と一緒に混ぜて。お手伝いが大好きだったんです。祖母に褒められるのが嬉しくて、私はお手伝いが得意なんだと思い込んでました。『気が利くね』と言われ続けたことで、そういう人間になったのかもしれない」

常に誰かのために動いていると田中が言い表す母は、専業主婦だ。父親の仕事の関係で、田中は小学校時代を海外で過ごした。

「ロンドンに住んでいたころ、母はよくスコーンを焼いてくれました。だから、ここのスコーンはこうだったよって、あとで母に話せるってちょっと思って」

インタビューの途中で注文したスコーンを口へ運びながら、田中が言う。食べたかったわけではないのだ。最初にオーダーしたフルーツプレートは？　常に果物を持ち歩いているし、さすがに好物だろう。

「フルーツも好きで食べているわけではないというか、いまのところ体の調子も良くて。だから密着番組で好きな食べ物を尋ねられたときも、すごく考えてしまったんです。生魚は体に合っていると言われたから積極的に食べてますけど、好きなわけではない。かといって、好きなものを我慢しているわけでもないんです。好きなものがない。わからない」

田中は、チョコレート好きとしても知られている。

「チョコレートも、どこかで、人よりも詳しいなにかがあったほうがいいという気持ちがあるかな。純粋に好き、誰とも共有しなくてもいいというものはないです」

世に発信したい欲望はないが、他者の期待を察知する能力には長《た》けており、それに応えたい気持ちもある。サービス精神は旺盛だが、自分の好きなものはわからない。そんなアンビバレントを抱える田中が、長く続けている仕事がラジオだ。

「終わると言われない限りは続ける、という美学でしょうか」

テレビの仕事よりホッとするとか、リスナーとの絆とか、ありきたりな答えを期待した私が浅はかだった。

取り付く島もないようにも思えるが、相手の望みに応える能力が高い彼女の口から
こういう言葉が出てくるのは、真摯《しんし》に向き合ってくれている証《あかし》でもある。

「テレビのバラエティ番組は、終わらない限り続くじゃないですか。最近、ドラマや映画に携わるようになり、終わりが決まっている仕事に対する取り組み方と、続けていく意識の中でやる仕事、人間関係の築き方の違いを考えています。向き合い方が全然違うんです」

彼女の解説はこうだ。

「続けていくものは、時間をかけてお互いを知り、ジワジワと人間関係を築き上げる。続ければ続けるほど、定期的に会う人たちって、すごく愛おしくなるんです」

今年（2021年）の3月、田中はTBS社員時代から続けてきた『ジョブチューン』と『有吉ジャポン』から離れることになった。

「居場所がなくなっちゃったなと。ドラマや映画って、3カ月かけてやるものもあれば、1話ゲストで呼んでいただくものもある。ゲストだと撮影は数日だけで、その間にチームに溶け込まなきゃいけない。既に人間関係が出来上がっている中に、ポンッと入っていく大変さがあります。そこで、まだ慣れない芝居をする。居心地がいいか悪いかで言ったら、あまりよくはないですね」

幼少期に海外生活を経験した田中は、知らない人の輪のなかに入っていく術を熟知しているはずだが。

「知ってるけど、得意分野じゃない。アナウンサーは専門職だと思っているので、ポンッと入って仕事をして、求められたことに応えて帰っていく爽快感があります。でも、芝居はまだ手探りでやっているし、呼ばれた理由もわからない。なにを求められているんだろうと、ちょっとした不安を抱えながら現場に行きます」

提供する、呼ばれる、求められる。田中が自身について語るとき、そこには必ず他者の存在がある。自分はなにを約束できるのか。その答えが田中の行動や気持ちをガイドする。彼女にとって、世間のニーズは羅針盤だ。

「いろんなやり方があるんでしょうけど、いまのところ、私はお芝居の現場に入って、まず台本に書いてあることを自分なりの解釈でやってみます。そこから監督に修正してもらう。そうやって作り上げていく。でも、全体が把握できていないから、怖いんですよね」

田中がTBSを退社し、フリーアナウンサーになったのは2014年のことだ。

「退社するとき、先輩アナウンサーの小林豊さんから『フリーアナウンサーという仕事はないから、あなたはもう田中みな実一本で勝負できる人になってください。肩書きなしでやっていけるように頑張ってください』と言われました。退社したらブラッシュアップがのぞめないから、技術職を名乗るのは心苦しいなと。だから、フリーアナウンサーという肩書きも、いまはあまりしっくりきていなくて。かといって、女優という肩書きも、まだ大変おこがましい。だから肩書きなしで、『田中みな実』にしてくださいと常々お願いしています」

独立後、すぐさま順風満帆だったわけではない。初めてメインMCの仕事を任された帯番組では、スタッフとの意思疎通に苦労した。

「そんな度量はないと思っていたけれど、念願の帯番組に起用してもらえたからには、やらなきゃいけない。情報番組なので、新しいもの、有益なものじゃないと見てもらえないから。一人でカリカリ、大騒ぎしていました」

スタッフとの対話がそのまま週刊誌に書かれたこともあった。

「当時の自分を振り返っても、若かったから仕方ないとは思わないんです。でも、面白くなかった人もいたでしょう。ぶりっ子をやってくれるだろうと思ったらやらないし、求めるものは多いけれど、実力はついてきているのかと。私にも問題があったと思います。小娘がピーピー言ってるなと思われてるのも感じました。対等に見てもらえなかったのが、すごく悲しかった。あれは経験になりました」

観てくれている人などいるのかと投げ出したくなったとき、祖父の存在が田中を支えた。

「祖父母の家に行ったら、チラシかカレンダーの裏に『何月何日、何曜日、みな実、ポニーテール、ピンクの服、テーマ、浅草』とあって。祖父が毎日観てくれていたんです。実は、祖父が咽頭がんを患って声を失ったときに、私がアナウンサーに内定したんです。祖父の代わりに喋っているとは思いませんが、不思議な運命だなと思ったりはします」

以来、腐りそうになったら祖父のメモを思い出し、自身を奮い立たせてきた。

田中の「求められたい」を言い換えるならば、「誰かの役に立ちたい」となるだろう。六年ほど連載エッセイを続けている女性ファッション誌『GINGER』では、昨年（2020年）の緊急事態宣言の際に独自付録の制作を編集部に提案した。

「中国に生産を発注しているケースもあって、付録を作れなくなっちゃったという話が出て。じゃあなにか冊子を入れましょうと提案したんです。スタイリストさんの私物で撮影をして、私は文章を書き下ろすから付録にしましょうと」

他者のためにできることが明確なとき、田中の推進力は極めて高い。

「役に立てればいいなと思ったのと、全員が初めて自粛期間を経験して、私もモヤモヤを感じていたから。思うことがあってもSNSはやっていないし、突発的に発信することへの恐怖もあったので」

再び、後ろ向きなワードが彼女の口をついて出た。求められている理由がわからない不安、全体像が見えない怖さ、自分の言葉を曲解される恐怖。

「原稿は何度も推敲《すいこう》するんです。次の日の朝もう一回読み返してまるっと直すこともあるし、夜に見て書き換えたり、スマートフォンで見たり。いろんな環境で読み、再構築を繰り返して納得のいくものを出しています」

連載を書籍にする予定はあるのかと尋ねると、

「もっとちゃんと自身に変化が訪れたとき、『いまだ』というタイミングが来るんだと思っています」

と彼女は答えた。つまり、どんなに乞《こ》われても、出すか否かは自分で決めるということ。ともに作り上げることに大きな価値を見出す田中だが、自身の手綱を、他者の手に委ねることはしない。この辺りのバランス感覚も白眉《はくび》と言える。

チームワークを重んじる仕事への姿勢がつまびらかになると、一面的なキャラクター付けに不服を申し立てないわけが理解できる。求められた役割のまっとうによるチームへの貢献に、田中は充足を感じるのだろう。

この態度は、彼女のキャリアを築く上で功を奏していると言える。というのも、彼女について下世話な憶測に基づいたと思しき記事を書き続ける週刊誌を読み漁ったところ、「ぶりっこアナ」「みんなのみな実」「ゆ〜る〜さ〜な〜い」「あざとい」「何が悪いの?」など、彼女を形容する端的な言葉で文章が締められていた記事が少なくなかったからだ。そもそも大衆誌とはそういうものではあるが、では他の女性アナウンサーで、顔を思い浮かべたと同時に決めフレーズが浮かんでくる面子《メンツ》がどれほどいるだろうか。これらのキャラクターはすべて、彼女とスタッフによって作られたもの。チームワークの集大成なのだ。

彼女の評価が好意的なものに変わったのは、女性誌『anan』の表紙、手ブラならぬ「肘ブラ」姿からと言われている。長年のコンプレックスだったボリュームのあるバストはもちろんのこと、多くの女性が憧れるしなやかな肉体を持つ田中に、世間は目を奪われた。

しかし、この体づくりも自分のために始めたことではなかった。

「当時付き合っていた彼に、『みな実ちゃんって痩せてるけどさ、背中、おばあちゃんみたいだね』って言われたんです。ショックでした。細いだけではダメなのかと」

思い立ったが吉日。田中は即、評判の良いパーソナルトレーニングジムに入会した。

「最初は、彼に評価されたかったんだと思います。２カ月で体が変わると言われたので、信じてちゃんとやりました。そうしたら本当に、いままで見たことのない腹筋の縦ラインが出てきたんです」

そこにタイミングよく、『ａｎａｎ』の話が舞い込んだ。

「体を多少トレーニングしたことで、そこにフォーカスしてもらえるようになりました。そしたら、どんどん女性誌で体の露出を求められるようになり、そのたびに調整、調整を続けてのいまです。自分のためなんかじゃないの」

自分のためにしたことは、ひとつもないのだろうか。

「美容も、自信を持ってカメラの前に立ちたい、自信を持って人と話したいから。そのために、良い状態の肌でいたいからやっていることです。確かに他者が介在していますね。誰からも見られないのなら、なにもしないと思います」

自信がないのなら、誰の前にも出ないという選択も世の中にはある。

「一度でも綺麗な状態を評価されると、維持しなければという気持ちになるわけです。もう少し年月が経つと、そのせめぎ合いになると思います。自分の中での良い状態と、世間が求める良い状態。どれだけナチュラルかという問題も出てくると思うから。その客観性は保っていたいと思っています」

彼女の客観性とは、他者から需要がある状態かを常に自身に問う視点だ。自分が好きな状態の自分であることではない。

私がそう言い切ると、田中は、

「人に評価されている状態が、自分が好きな自分なんです」

と返してきた。自分の中だけでクリアする達成感は、まったく求めていないのだそうだ。他者なくして田中みな実なしの度合いが、想像していた以上に高い。

「考えたこともなかったけれど、みんな誰かのために生きてるんじゃないんですか。自分のために生きている人なんているの？」

田中には、２歳年上の姉がいる。普段の会話に「私とは全然違う」存在として姉が出てくることはあるものの、彼女はそこから先、あまり多くを語りたがらない。

「姉と弟と私、べったり仲が良いわけでもないし、個々が自立しているから。親に比べられたことも、一緒くたにされたこともないし。いい教育をしてもらったと感謝しています」

田中の語気から、いつになくけん制を感じた。

「自分という人格を築いた要因のひとつとして、お姉ちゃんの存在はあるだろうなという感じかな」

田中は二杯目の紅茶を注文し、ゆっくり、姉について語り始めた。

「子どものころ、私と弟が大喧嘩している横で、姉は本を読んでいました。母が帰ってくると、もう家がめちゃくちゃなわけです。そんな状況にもかかわらず、姉はずっと本を読んでる。姉は東大に行ったんですが、東大に入る子はうるさい居間で勉強するという話があるじゃないですか。本当にそうなの。集中力が尋常じゃないんです。そういう姉だから、喧嘩になることもあまりなくて。たとえば親がケーキを買ってくるでしょう？　選ぶのは私が先でした。姉は『なんでもいいよ〜』って。ずーっと本を読んでいました」

物心ついたころから、田中の隣には、ただただ「自分のために生きる人」がいたというわけだ。

「私は普通の人間だから。お姉ちゃんは特別な人なんだと、幼いころから思っていました。本当に、張り合うことはなかったんです」

仕事上、わかりやすいキャラクター付けを甘受することはあっても、見知らぬ人に田中みな実を簡素化して飲み込ませるために、家族を巻き込むことは拒絶する。田中の線引きは非常に明快だ。

「そう言えば昔、母が車のキーを探していたことがあって。ソファの隙間に落ちているのが、私からは見えていました。でも、もう少し探してから、私が見つけたほうが褒められるんじゃないかと思って言わなかったんです。誰にも話したことがないけど、自分ではすごく歪んでいると思いました」

他者からありがたがられるために、手柄を大きく見せる演出を企てる。誰でも一度はやったことがあるだろう。特に歪んでいるとは思わないが、田中は譲らなかった。

「同じ土俵に上がらないよう、姉がやらないものに敢えて挑戦していました。中学・高校で6年続けた器械体操は、人生において一番頑張ったこと。姉はオーケストラやミュージカルをやっていました。私がバク転や宙返りができるようになると、姉や家族が『すご〜い』と評価してくれる。だから、もっと頑張ろうって」

田中の不安は、自分の存在意義を確かめたい欲望と背中合わせだ。彼女は幼少期から、自分の価値を他者に問い続けている。

しかし、自分の特性由来を姉だけに背負わせるのは不本意なのだろう。両親から公平に扱われたこと、姉と仲が良いことと、姉のような特殊技能がない自分の存在意義を問い続けることは、すべて同時に成立しうる。

「ただ、周りは比べたがりましたね。小学生のころは、海外で姉と一緒にヴァイオリンやピアノや英語のレッスンを受けていたんです。お姉ちゃんはめきめき上達していって。海外の先生って、日本と違って才能がある者を伸ばそうとするんです。だから姉に注力して、私のレッスンの時間は短かった。となると、楽しくない。あ〜私向いてないんだねコレ、って。きっとなにか違うことが私にはあるはずと思っていました」

基礎的な自尊感情を家族に育んでもらえたことは、非常に幸運だ。常に誰かのために動く母と、自分のために生きる優秀な姉。他者に評価される自己像を愛する田中みな実は、母と姉のハイブリッドなのかもしれない。

ガッツと運は親に授けてもらったと田中は言う。女優への転身には、確かにガッツが必要だ。

「ドラマが大好きなんです。ワンクール10本以上は必ず観ています。バラエティ番組を観るときは仕事のスイッチが入ってしまうけれど、ドラマは自分が出ているものをエンタメとして楽しめました。スイッチが入っちゃうかなと思ったら、変わらなかった。田中みな実が芝居風なことをやっているようにしか観えなかったら、ドラマ好きとしても許せなかったと思うんですけど、最後まで観られたから向いてなくはないと」

「向いている」の代わりに「向いてなくはない」と言う。直感的な自信と、まだ実績を伴ってはいない現実が綯《な》い交《ま》ぜになった言葉だ。

「向いていないものは、はっきりわかるんです。そういう直感が、たまに降って来る」

ここまでのキャリアは、計画に則ったものではないと言う。

「見事にノープランです。ご縁だとしか言いようがない。ひとつひとつに意味があったと思っています。私の背中をおばあちゃんみたいと言った人は、彼としては最低でした。でも、彼とのお付き合いがなければ体を変えようとは思わなかった。大きな失恋をしたときも、闇深いキャラクターとして面白がられもしたし、共感してくれる女性もいた。ショックで摂食障害気味になったりもしたけど、そういう人に共感できるようになりました。この経験はしないほうがよかった、近道があった、と思うことはひとつもありません」

田中は拙著『生きるとか死ぬとか父親とか』の原作ドラマで、オリジナルキャラクターのアナウンサー、東七海役を演じた。

ラジオのキャリアが長く、局アナの経験もある田中に決定したと聞いたとき、私はとても嬉しかった。リスナーからのメールを読む場面が多いため、こればかりは、ラジオと原稿読みの経験がないと手に負えないと思ったからだ。

「心情を吐露するシーンで、役柄として本当に涙がこみ上げてくる初めての経験をしました。監督に、もうちょっと抑えてくださいって言われたの、涙を」

芝居の最中は、俯瞰《ふかん》の視点が消えると言う。ひとりで家にいるときでさえ、必ず別の自分が自分を見下ろしている田中にとって、客観性を手放すのは初めてのことだ。

「台詞もあるし、感情もあるし。いっぱいいっぱいなんじゃない？」

インタビュー開始時と同じく、こともなげに田中は言った。しかし、感情が理性の縁から溢れ出た事実に変わりはない。自分ではない「誰か」を演じることで、解放できる感情があるのだろう。

これから先、芝居という新しいフィールドが、私たちに新しい田中みな実を見せてくれる。私はそれが楽しみでならない。

（２０２１年６月22日発売号）

山瀬まみ

「ものの考え方だけで、ある日突然、いろんなものが幸せに感じました」

やませまみ／1969年埼玉県生まれ。85年、第10回ホリプロタレントスカウトキャラバンで優勝。翌年、アイドルとして歌手デビュー。元祖バラドルとして人気を博す。以降、バラエティ番組やラジオのパーソナリティなどで活躍。『新婚さんいらっしゃい！』では、落語家の桂文枝のよきパートナー役として長年MCを務め、番組の顔となった。

機を見るに敏。山瀬まみをひと言で表すなら、それに尽きる。テレビやラジオに出演している彼女を、場違いだとかやりすぎだと感じたことは、一度もない。いつどこで見ても、彼女は無理なく、丁度良い具合に場に馴染んでいる。

今年（2020年）で芸歴34年。1985年開催の第10回ホリプロタレントスカウトキャラバンでグランプリを受賞し、16歳で歌手デビューした。

「最初は型にはめられてたから、髪型もポニーテールしかしちゃいけなかった。美容院も決められたとこ、表参道の『スターカットクラブ』に連れて行かれて。パーマかけられて、あとはポニーテール。あのころは、ここに入りなさいという入れものを、全部与えられてた感じ」

学生時代、原宿に行けば必ずスカウトに声を掛けられていた山瀬の夢は、ホリプロタレントスカウトキャラバンで優勝することだった。その夢は叶ったが、それから先は思い描いていた未来とは少し違った。

デビューソングは松本隆作詞、呉田軽穂《くれたかるほ》（松任谷由実の作家名）作曲という盤石の体制で制作された『メロンのためいき』。歌唱力にも定評があったが、時代が悪かった。

当時はおニャン子クラブ全盛期で、素人然とした女子高生集団に、誰もが熱狂していたのだ。

「地団駄を踏んでた感情は覚えています。でも若い分、つまずいても夢と希望みたいなものは持っているんですよ。簡単には潰れない自分がいました。野心溢れるタイプでも、目標を掲げて頑張るタイプでもなかったけど、私をいいように流してくれる風が吹くだろうって、根拠のない自信があった」

実家の家族は、若くして結婚した両親と弟と山瀬の４人。父親の仕事の関係で、学生時代に9回の転校を経験する。

「だいたい1年半とか2年ペースで引っ越してました。転校が私に与えた影響は、恐ろしくあると思います。ひと言で言うと、処世術みたいなこと。たとえば、最初に仲良い子作っちゃうと、とんでもない涙の別れが起きるわけで。『また会おうね』と言ったって、一生会わないような感じなのに。だから次から、仲良い子を作るのはやめようと思うわけです。それでも仲良くなりかけちゃう子とかいるんだけど、これ以上入っていくと、また悲しいなあとか。結構切ないですね」

転校生は、第一印象が重要だと聞いたことがある。馴染み方を間違えたことはなかったのか。

「いじめられたこともあったんですけど。どうせあと1年半くらい我慢すりゃいいって思うから、あんまり足掻《あが》かない。ちょっと我慢すれば、他の学校に行くから。方向転換とか慌ててしない感じ」

ファンクラブが存在した学校もあったと聞く。

「たくさんの学校に行ってるから、一校くらいはそういうところも。転校生というだけで、意外とちやほやされるじゃないですか」

どんな事態も、同じことを何度も繰り返す彼女にとっては織り込み済みだったのだろう。

「でも、デビューしていろんなところにイベントに行くと、各地の同級生が来てくれるから、どこへ行ってもアウェーではない感じが最初から心強かった。どこどこの駅ビルの屋上のレコード屋さんとか、そういうところに先生を連れて集まってくれて、転校に急に意味が出てきたというか」

新人歌手に全国キャンペーンは付きものだが、「どこどこの駅ビルの屋上のレコード屋さん」まで回れたのは、歌手としてのキャリアが、デビュー直後から花開いたわけではなかったからだろう。

そんな山瀬に転機が訪れる。1986年10月に始まった『テレビ探偵団』（TBS

系）で、三宅裕司とともに司会を務めることになったのだ。デビュー半年後のことだった。

　初回ゲストは俳優の森田健作。ゲストとともに、昔のテレビ番組やＣＭを三宅裕司やコメンテーターの朝井泉（コラムニスト・泉麻人の本名）と懐かしむ構成だが、山瀬にとっては未知のことばかり。要は、ピントのズレた若者コメントを適宜《てきぎ》放り込み、おじさんたちにトホホと言わせる役回りだった。

　初回放送の山瀬は借りてきた猫のようにおとなしく、三宅から振られても当たり障りのないことしか答えられなかった。しかし、ゲストに三浦友和を迎えた第４回目の放送では、とんでもない勘違いをしたまま話を進めてみたり、昔を懐かしむ三宅や三浦の会話に「私、このころは幼稚園生だった」と自ら加わっておじさんたちをタジタジにさせたりと、求められる役割をきちんとこなしている。たった７カ月前まで、ただの女子高生だったというのに。

『テレビ探偵団』はあっという間に話題となり、山瀬の名前もお茶の間に浸透していった。番組開始から約1年後、谷隼人をゲストに迎えた第36回目の放送では、誰かに仕込まれたのだろうか、オープニングの自己紹介で「こんばんは、後藤久美子です」と小ボケを披露。テレビに谷隼人が出てくると、顔が怖くて泣いていた子ども時代の話を本人を前に披露している。まさに、自由闊達《かったつ》。持ち前の長い手足を縮こませることなくのびのびと振る舞う姿は、パブリックイメージの山瀬まみの原点とも言えよう。

番組の人気が絶頂期に入った3年目、山瀬は突如降板する。

「『テレビ探偵団』は三菱電機の一社提供だったの。私に富士通のCMを取らせるがために、番組を降りることになった。これからのステップとしてCM出演は一番だから、この番組は卒業しなさいって、プロデューサーさんも含めみんなで話し合って力を合わせてくれて。でも、めっちゃつらかったです」

どこよりも先に、タレント山瀬まみの魅力を見つけてくれた場所だったからこそ、彼女の今後を真剣に考えてくれたのだろう。

「歌手だからって歌に縛られていても、テレビに出られなきゃ名前が売れない。テレビに出させてくれたから、あそこにはいたかったんだけど、ここにいたところで三菱はCMくれないだろって言われて、それもそうだなと」

卒業は、結果的に山瀬のキャリアを広げるのに功を奏した。『テレビ探偵団』を足掛かりにテレビのなかに居場所を作った山瀬は、番組を卒業する時分には『笑っていいとも！』（フジテレビ系）を始め数々のレギュラー番組を掛け持つ売れっ子になっていた。ひとつ降板したところで、その姿がお茶の間から消えることはなかったのだ。

デビュー当時は言われた通りの型におとなしくはまっていた山瀬だが、言いなりのままではなかった。「こんなおじさんたちの中で、おじさんたちがいいっていう人間になっても、若者に支持されるわけがないと思って。だから、おじさんが『いい』って言ったものに、ことごとく反論したかった。こうやりなさいと言われたら違うことをやったり、ちょっとずつ反抗したのは確実にある」

いまはなき季刊雑誌『ヘアカタログ』に載っていた山瀬の前髪に、メッシュが入っていたのを覚えている。ドライヤーを当て過ぎて色が抜けてしまったとインタビューに答えていたが、どう見ても意図的な脱色だった。

ホリプロで1期先輩の井森美幸とともに、バラドルという新しい存在として脚光を浴び、週刊誌のインタビューなども数多く受けた。当時の記事を読むと、ボーイフレンドの存在を尋ねられ、はぐらかすことなく肯定しているのに驚く。

「絶対付き合ってるのに、嘘をついてる芸能人が嫌だったの。『嘘つけ』って人に思われたくなかった。それだけ」

雑誌『POPEYE』の人気連載コラム〈のちに単行本『安売り王女さま』〈マガジンハウス〉として出版〉には、現在進行形の恋愛を始め業界の裏話など、女性タレントにはタブーな話題も多く含まれる。日常生活のひとコマに紛れているのと、筆致がサラリとしているのもあり、どギツさは皆無。都会に暮らす、うら若き乙女の生活が、生々しく鮮やかに切り取られている。まるで、実写版の岡崎京子作品だ（単行本では岡崎京子と対談もしている）。セルフプロデュースなのだとしたら、秀逸すぎるほどの出来栄えだ。

「当時は自分のことを、まあ、いろいろと考えていたかな。会社のおじさんたちの言うことはあまり聞かなかったけど、テレビ局の人の意見はよく聞くようにしてました。自分は、その人たちが望む駒でしかないから。どこにどういうふうに立ってほしいのか、どういう駒を欲しているか、情報が欲しかったんです」

アイドル歌手らしからぬ、歯に衣着せぬもの言いで頭角を現したと目される山瀬だが、越えてはならぬ一線を越えずに「もの言い」をするのは、お行儀よくいるより何十倍も難しい。

『テレビ探偵団』以来、山瀬のレギュラー番組が途絶えたことはなかった。他局の番組が縁で出演が決まった『新婚さんいらっしゃい！』（ABC・テレビ朝日系）のアシスタントは1997年からスタートし、桂文枝と山瀬の名コンビは25年も続いた。

「だから、なにか運のいい風が吹いているんです」

首を左右に揺らし、はにかむような笑顔で山瀬が下を向く。自身の力で勝ち取ってきたものではないのだろうか。

山瀬がサッと顔を上げた。

「それはない。マネージャーさんもその時々、いろんな組み合わせがある。その人たちが仕事を選んでくれるわけだから、いろんな人たちの運も背負ってる。そこにうまく乗れたのかなって。だって、どんなに頑張ったって視聴率なんて取れるもんじゃないし。スポンサーがいなくなるかもしれないし、誰かがスキャンダルを起こすかもしれない。だから、本当に恵まれているとしか言いようがない」

世の働く女にとって、山瀬のやり方はひとつのお手本になるだろう。すぐに望みが叶わずとも腐らず、疎《うと》まれても気にせず、他者に見出された長所で結果を出す。結果が出たら、許諾を採らずに少しずつやらかし、有意義な仕事を采配するのは誰かを見極めて行動する。しかし、決しておごらない。ジェンダーギャップ指数121位（2020年）の男社会で、振り落とされず強《したた》かに働くなら、なおさら必要なスキルだ。

「きっと、ニーズに応えるほうが楽なんですよ、生きていくのに。こうやりたいって言って、こけたら自分のせいじゃないですか。『こうやれって言ったでしょ』って相手に言うほうが楽。そういうふうにしていかないと、多分潰れてた。いっぱい仕事をやり過ぎて」

山瀬にとって、仕事場は戦場だという。鎧《よろい》を着て、日夜戦いに挑む場所。

「本番前に、『今日も一発頼むよ』って背中を押されると、それこそ戦士だから、なにか一発入れなきゃって。終わってから、『今日も頑張れたね』って言われると、認めてもらえたようで嬉しかったかな」

1989年の雑誌インタビューで、山瀬は母に「大人になりすぎて怖い」と言われたエピソードを披露している。

「仕事をしてるときの私は、チャキチャキしてて、あまり好きじゃないって言われます。鎧をたくさん着てる、ガンガン頑張ってるさまが好きではないのでしょうね。でも、着ざるを得ないのだよ、とも思います」

9回の転校を経て、山瀬の基盤は家族になった。

「引っ越しを繰り返すと、結果、家族しか残らないわけです。それを痛切に、中学生ぐらいから感じました。登校初日の下校も弟と帰って、お家に着いたら母がいる。結局、家族しかいないんだっていう気持ちで生きてきて。それがいまだにあるのかな」

鎧を脱いだ山瀬は人一倍センシティブで、エモーショナルだ。

「1回だけ父を単身赴任させたんですけど、2~3カ月でこっちがギブアップしました。転勤先で死んだらもう会えないと思ったら、やっぱり一緒にいないとおかしいと。

デビューしてからも、半年に一遍くらい地元に帰ると、家族が駅まで見送りにきてくれるんです。電車が走り出して家族の顔が見えなくなったら、東京駅に着くまでずっと泣いてました」

ニーズに応え続け、八面六臂《はちめんろっぴ》の活躍で多忙を極める日々が何年も続く。ふと、ある疑問が山瀬の頭のなかに浮かんで消えなくなった。

「本当の自分が、わからなくなっちゃったの。私って誰なんだろうって、ずっと考え込んでいた時期があった。人にはこういうふうに見られたほうがいいのかなと思うと、多少そういうふうに……。誰にでも、人付き合いでそういう面ってあるじゃないですか。それの最たるもので。仕事が終わったあとも、外に出たら、見る人が見れば『山瀬まみさん』なんです。なにを求められているのかわからないから、常にニコニコして。でも、嫌いで始めた仕事ではないし。考えたって答えは出ないわけですよ。そこからすごい解放されたのが、結婚だったんです」

1999年6月、俳優の中上雅巳と結婚。山瀬は長くレギュラーを務めていた情報番組『ブロードキャスター』（TBS系）で、自ら結婚報告を行った。

「主婦っていう肩書きをもらって、『山瀬まみ』から乖離《かいり》できたというか、精神的整理ができるようになった。本名の私は、結婚して与えられた名前の主婦。じゃあ『山瀬まみさん』をどうしようかなって考えられるようになって。いままでは、自分の中に自分が憑依《ひょうい》していた感じだったけど、切り離したら、意外と楽でした」

結婚するまでの本名は、山瀬真巳子。芸名とかなり近いこともあり、日常生活にも苦労があった。

「通信販売で買っても、住所もなにを買ってるかもわかるし、病院で呼ばれるときもそうだし。逃げ場がなかったんです」

自己解放と同時に、次の課題が生まれつつもあった。

『ブロードキャスター』しかり、『ためしてガッテン』（ＮＨＫ）しかり、山瀬まみというフィルターを通すと、世の中の小難しいものが、わかりやすく映る。わからないことはわからないとハッキリ言う姿が、視聴者を安心させるのだ。しかし、当時のムードとしては、「29歳になった山瀬まみ」は、なにも知らない女の子という枠（そんな枠はステレオタイプが見せる幻影であって、本来は存在しないのだが）からははみ出していた。

「中堅になると、下にも上にも挟まれて、にっちもさっちもいかなくなるときってありますよね。若手にも行けないし、おばさんの部類にも入れないし」

このタイミングで女優に転向したり、肌の露出を増やしたりが定石だと思うのだが。

「ホリプロに、女優業は効率悪いからさせないって言われて」

真面目な話が続き、少し硬くなりつつあった場を冗談で和ませてから、山瀬は言葉を続けた。

「中途半端な時期を、どう跨《また》いだらいいんだろうという問いは自分の中にもあったんだけど、大人になったって、わからないものはわからないじゃないですか。そこで、わかる振りをする大人になるか、わからないと言える大人になるかの岐路に立たされる。選択肢はふたつしかないから、私はわからないと言えるほうに。そういうのを求められている座席であれば」

山瀬の言う「座席」とは、テレビ番組での座り位置のことだ。我々はなにも考えずに観ているが、実は、それぞれのパネラーやコメンテーターには求められる役割がきちんと振り分けられているのだ。

「その日のパネラーのラインナップを見て、『あ〜、有識者、有識者、あ、私ここね』とか、逆もあるし。若手がいると、自分がちゃんとしたほうがいいんだろうなと」

あくまで、求められる役割をキッチリ務めるのが山瀬流。芸能界とは、そういう人が生き残る世界なのだろう。芸能界だけではない。一般的な会社組織だって、本質的には同じではなかろうか。期待される役割に応えられるか否かで、居場所の有無がある程度決まる。自分の思うようにやるだけが、職場での自己実現ではないのだろう。

山瀬は、タレントはチーム業だと言った。

「番組に出ていると、コンビの人たちがすごくうらやましくなるときがある。ボケとツッコミがきちんとしてて、一人ですべっていくことはないわけで。でも、何人か出演者がいると、自分に突っ込んでくれる人たちも出てくるし、逆のパターンもある。関係性で、その日のにわかコンビは作れるので。あとは、そのときの風に乗るか否か」

インタビュー中、山瀬は何度か「風」という言葉を使った。自分の意志でどうにかなるものではないものの象徴が、山瀬にとっての風なのだろう。良い風が吹くのを待ち、吹いたら上手に乗る。追い風には乗るが、向かい風に歯向かっていくようなことはしない。

山瀬の趣味は、生活だ。睡眠時間が3時間だった独身時代も、結婚してからも、自炊を忘れることはなかった。趣味が高じて、料理メインのライフスタイル本を4冊上梓している。浮かれず舞い上がらず、帰宅して鎧を外し、毎日をきちんと生活することが、山瀬にとってガス抜きになるのだ。

冷蔵庫は1週間に一度、必ず空にする。買い物は4食分の献立を先に考え、1週間分を生協でまとめて注文。外食は2日続けてしない。結婚して22年目になるが、毎日

1食は夫と一緒に食べる。

　インタビュー中、山瀬が戸惑いの表情を見せた瞬間が一度だけあった。俗に言う「普通の生活」から逸脱しないように暮らし、生活を自分で切り盛りしていくことが、なぜ彼女にとってそこまで大切なのかと尋ねたときだ。

「えっ、なんで？　自分を大事にしたいから。えっ？　なに？」

　なぜこんなことを問われるのか、見当がつかないという表情だった。

　乱暴な言い方をすれば、私から見た山瀬のライフスタイルは、まったく芸能人ぽくないのだ。お手伝いさんがいたり、食事はすべて外食で済ませたりといった、俗に言う豪奢《ごうしゃ》な生活の片鱗がどこにも見えない。

「自分がちゃんと作ったご飯を自分に食べさせてあげたいじゃないですか。髪の毛も爪も、自分が何十年と作ってきた料理でできているでしょ。うちの夫も私のご飯で生きてるから、生えてる髪の毛一本でも私が作ったんだよなと思うと、蔑《ないがし》ろにできないんです。それだけで、ただの愛おしい生き物になるんですよ。私が作ったんだからと思って」

　掃除は夫、料理は山瀬と、家事の分担も長年変わらないという。

「お茶ができる時間って、当たり前じゃない。会議室にあるコーヒーは当たり前に飲めるけど、家でお茶ができる時間は、自分に余裕がないと作れない。一煎目より二煎目のお茶のほうが好きだなとか、そういうのに気づかないで生きてきたのって、なんてもったいなかったんだろうと思うと、急に日常、自分ちを好きになるんですね。その幸せに気づけるか否かだと思うんですけど」

20代のころは、稼いだお金でブランド品を買ったこともあった。

「あれは、物欲でしか自分を満たせなかったんだな。シャネルのカーディガンを20万で買った日に、号泣したんです。私はこれが本当に欲しかったのかなと。買ったあと10分間ぐらいは気分がよかったんですよ。私にはこのお金があるっていう。でも、その後の虚しさったら」

2〜3年間、やたら要らないものをいっぱい買ったあとは、一切物欲なしだと言う。

「私は、なぜいまこんなことをしているのかとか、俯瞰《ふかん》から考えるのが好きなんです。自分を路頭に迷わせないように」

山瀬は戦場で戦う兵士であり、自分を労《いた》わる生活者であり、自らの司令官でもある。デビュー20周年の際には、ルームウェアのブランドも立ち上げた。

「お外に着ていくものは要らなかったから。宅配便の人や生協の人にしか可愛いと思われないんですけど。手を抜いた自分を好きになれるか……そういうのに目つぶって生きていくのが、嫌なんですね」

山瀬が活躍し始めた時代は、まさにバブル全盛期。自己拡張が正義であり、高級な暮らしこそが成功者の証だったはずだ。

「キャビアのうまさを知って、一瓶2万円ぐらいのを、ごっそり買ってた時期もあります。数カ月だけ。でも自分にお金を使うのは罪悪感しか生まないから、もういいやと思って。本当に欲しいものだったら買うけど、そういうのもないし。必要になったときにお金がないほうが嫌だから。誰かがこれ食べに行きたいと言ったら、行こう、行こうってなるけど」

現在の欲はどこにあるのかと尋ねると、誰かを喜ばせることが好きだと、山瀬は言った。仕事でもプライベートでも、一貫してそうなのだろう。食事を共にする人が食べたいものには、躊躇《ちゅうちょ》なく財布が開けるのだから。

仕事場と家の往復という起伏のない生活に物足りなさを感じ、派手な暮らしをうらやましく思う瞬間が、私にはある。山瀬の話を聞いているうちに、日々の生活を慈《いつく》しめることこそが、本質的な豊かさなのだと再認識する。

「ものの考え方だけで、ある日突然、いろんなものが幸せに感じました。と、エッセイ的な答えをしておきます」

こちらが感銘した素振りを見せると、山瀬はそれを察知し、すかさず梯子を外してくる。

「スーパーとかで、知らないおばちゃんに、『まみちゃんは本当に頭がいいのよね』って必ず言われるの。でも、隣でうちの夫が、『いや、そうでもないですよ。結構お馬鹿ですよ』って」

機を見るに敏。賢者に仕立て上げられるのは、望むところではないらしい。

インタビュー中、山瀬はすべての問いに真摯に答えてくれた。しかし、彼女を理解した気にはさせてくれなかった。いたずらに距離を縮めるような、大げさな肯首《こうしゅ》や同意は皆無。こうやって、家族以外には立ち入れぬパーソナルスペースを守ってきたのだろう。日々の生活と自分自身を、誰かに明け渡すことのないように。

（2020年3月23日発売号）

神崎恵

「やりたいことができるようになったら、誰からも好かれる容姿も必要なくなった」

かんざきめぐみ／1975年神奈川県生まれ。16歳のとき、スカウトされデビュー。ドラマ、CM、グラビアなどで活躍するが引退し、23歳で結婚。34歳で離婚後、美容家を目指す。『読むだけで思わず二度見される美人になれる』など、個性的なタイトルの美容本がヒットし、教祖的存在に。22歳・18歳・7歳の3兄弟の母。

ふんわりと片側に寄せられた長い髪は、明るすぎず暗すぎず。両目には、異性に気づかれない程度に黒目を大きくするカラーコンタクト。瞳を縁取るのは、派手の一歩手前まで慎重に塗られたマスカラ。素肌美と見間違うほど丁寧に作りこまれた柔らかそうな肌に、血色のようなピンク色の頬と唇。

「ナチュラルでオトナ可愛い美人風パーツ」のみで構成された、異様に匿名性の高い美女。その横顔が印刷された帯を纏《まと》った単行本のタイトルが『読むだけで思わず二度見される美人になれる』だと気づいたとき、私は思わず書名を二度見した。してやられた。

本を手に取り、パラパラとページをめくる。どのページにも、不特定多数の異性からイイ女と思われるためのティップスが、これでもかと紹介されていた。唯一無二な美人になれる方法ではない。誰もが「美人風」になれるハウツーの洪水に、私は黙って本を閉じる。著者の名前は神崎恵。肩書きはビューティーブラッシュアップコンサルタントとなっていた。

最大公約数の美とは無縁な人生を送ってきた私は平積みの山に本を戻し、食傷気味に書店を後にした。これが、私が初めて神崎を認識した瞬間。あまりに鮮烈で、いまでもハッキリ覚えている。２０１３年初頭のことだった。いまでは当たり前となった「あざとさ」を因数分解し、精神性を省いたわかりやすい記号に変換して広めた先駆者が神崎恵だ。

「そういう子が、結局幸せをつかむと思っていた時期があったんです。あの時代って、どの雑誌にも『選ばれる』とか『愛される』という言葉が使われていました。できるだけ感じよく、という表現をする人たちばかりで。ならば、ちょっとあざとさを持った子のほうが生きやすいと思ったのは確かです。自分らしさを見てほしいと思っても、見てもらう前に終わることもあるから」

思惑は他にもあった。

「ビジネスとして成立させるのに、私ができることプラス、どこだったら突出できるかを考えてもいたんでしょうね」

大きなダイニングテーブル、洒落た花瓶、オフホワイトのソファに並ぶモノトーンのクッション。落ち着いたインテリアに囲まれた、自然光がたっぷり入る仕事部屋で、神崎は語り始めた。

「私、ちっちゃい世界が好きなんですよ。世界が広過ぎるから、こうやってちょっと小さい世界に閉じこもってます」

ニコニコと微笑みながら答える神崎の顔には、淀みも濁りもない。おでこや頰は艶々と丸い光を放っている。46歳とは思えぬ溌剌《はつらつ》さではあるが、年齢不詳と評したくなる不自然さはない。たおやかであると同時に、ちょっとやそっとでは動じない肝の据わりも感じさせる。

『読むだけで思わず二度見される美人になれる』（中経出版）は大ベストセラーとなった。神崎はその後も飛ぶ鳥を落とす勢いで美容本の出版を続け、著作の累計発行部数は145万部を超える。昨年（2020年）はNHK『プロフェッショナル 仕事の流儀』の密着取材も放送された。いまや20代から40代の女性を主なファン層に持つ、押しも押されもせぬ人気美容家だ。

彼女のことを、「うまくやったわね」と言う人もいる。10代後半からタレントとして活動し、23歳でJリーガーと結婚。2人の子をもうけ、離婚してもなお衰えぬ美貌を活かして美容業界に入り、トップヘアメイクアップアーティストと再婚し、39歳で3人目を出産。箇条書きにすれば、確かに順風満帆にしか見えない。

眉をひそめながらも、私は彼女から目が離せなかった。ファンもアンチもそうだったろう。きれいごとを省き、より具体的に、なにをどうすれば自然に注目を集められるかを書物で発信することは、パンドラの箱を開けたのと同義だった。要は、モテに特化したのだ。

数年後のこと。神崎の表情が、バチンと音を立てて変わった瞬間があった。気づけば匿名性や普遍性は鳴りを潜め、ハッキリと唯一無二の顔になっていた。過去の著作を見返すと、2018年ごろから顔が変わっている。ここからは誰の顔色も窺《うかが》わないぞという気概が、表情から見受けられる女になっていた。

ああ、神崎恵を引き受けたのだな、と思った。私は途端に彼女のことが好きになった。うまいことやってきたのではないと、新しい顔が雄弁に語っていたから。

神崎恵。1975年神奈川県生まれ。勉強も部活も全部、やりたいことをやり尽くす負けず嫌いな子どもだったという。

「真っ正面からぶつかっていくタイプでした。でも小学校中学年ぐらいから、女の子が女の目を持ち始めて、物を隠す、意地悪をする、無視をする、というのがターゲットを変えつつ始まって。この世界でどう生きていけばいいんだろうと子どもながらに考えて、群れなきゃいいんだと」

すべての女児とは言わないが、男児より早く大人になる女児特有の残酷さは、確かに存在するのだろう。

「ひとりでトイレに行き、ひとりでご飯を食べ、中学生になると、隣の町田駅前にあった馬肉屋さんにお小遣いを握りしめて行って、ひとりで馬肉を食べてました」

神崎は数年前のインタビューで、自身のことを「女性に敵とみなされる人生を生きてきた」と言い表した。

「なにか言われても、『また、言ってるわ』って。心が痛む日もあったけど、閉じこもったりはしませんでした。部活では先輩がすごく厳しくて、いま考えるとおかしなこともありましたけど、それはそれで体力づくりにもってこいだった。私の心のベースをつくるにはよかったなと、いまになって思うんです。打たれ強いわけではないけど、へこたれなかった」

実際の神崎は写真で見るよりずっと小柄だが、佇《たたず》まいに心もとなさはない。生い立ちをもう少し語ってもらおう。

「私はひとりで生きてきました。習い事や勉強や、親たちの願望も聞きながら、自分だけの小さい世界でバランスをとる。外で精一杯やって、時々小さい世界で充電する。いまでも変わらずです」

母親とは特別な絆がある。

「母はひとりで私を産んでいるんですが、それを母から聞かされたことはないんです。

パスポートを取りにいったとき、戸籍を見て初めて知りました。暗黙のいろいろが私と母との間にはあって。子どもながらに、なにか理由があるんだろうと」

神崎は、言われないことは聞かないスタイルを幼少期から貫いた。

「物心ついたときから一緒に住んでいる父のこともそうです。言葉にすると、内縁ということになりますけど、尋ねたことはない。子どもだったころ、おばあちゃんがぼそっと言ってたんですよ。本当の父親はひどい男だったとか、結婚しなくてよかったんだよとか。いまでこそ空気を読むという言葉がありますけど、そういうのが人一倍わかっちゃう子だったから。そこに触れないように生きていく」

生きづらさを克服する能力を、幼い神崎は自力で身につけたと言えよう。

「母は強くて優しい、あったかい人なんです。どんな女性が理想かと尋ねられても、母しか思い浮かばないくらい。当時、ひとりで子どもを産むのはまだ難しい時代でした。祖母から『お母さんは真っ赤なスーツを着て、ヒール履いて、あんたをおんぶして仕事に行ってたのよ』と言われると、かっこいいな〜って。だから別に本人が言いたくないことは言わなくていい。親がいるとかいないとか、寂しいと思ったりする場面はあっても、人生を変えるほど大きなことでは、ある意味なかったんでしょうね」

原宿でスカウトされ、16歳で芸能界へ。活動期間は20代前半までと短いが、水着グラビアからドラマや映画での演技、ＣＤリリースまでと幅広くトライした。

「つらかったなって。自分のことを、これほど『なんにもない』と人から言われ、自分でもそう感じる世界ってすごいなと思いながら。バラエティに出れば、大人が喜びそうなバカなことを言わなきゃいけない。言いたくないのに、出ると言っちゃうんですよ。なにやってるんだろと思って。でもあそこで、槍でもなんでも、なにかひとつ持っていると生きるのが楽になると学びました」

裏を返せば、当時の彼女には突出した才能がなにもなかったのだ。過去のグラビア写真を見ると、高校生の神崎はスレンダーで愛らしいが、確かに飛びぬけた印象はない。生真面目ではあったが、なにがなんでもというハングリー精神にも欠けていた。

当時はすべてが中途半端で、コンプレックスしかなかったという。母の「あなたは器用貧乏だからね」という言葉が頭の中を駆けめぐる。やがて病を患い、神崎は芸能界を引退することにした。

「撤退したのか逃げたのかわからないけど、平等ではない世界を体験できたのはとてもよかったと思います。目が覚めたというか。小さいときには平等だって教わるけれど、現実は全然違うじゃないですか。そう知れたのはよかった」

不平等な世界で、空気読みの得意な持たざる者がどう生き残るか。広く名を知られるようになった先述の著作名が、その答えかもしれない。その他大勢が「二度見される」存在になるための手段。神崎は、自身の不足を逆手にとって状況をひっくり返したのだ。だが、それはもう少しあとのお話。

芸能界引退後に1年の闘病生活を経て、「なにもない自分」から脱しようと、神崎はもともと興味があった美容関係の学校へ通った。23歳でJリーガーと結婚。4年後にはママ雑誌『Ｃｏｍｏ』の読者モデルとなり、時間のない母親たちに向けて美容情報を発信し始める。私生活では、ひとまず夫のサポート役に回った。人生が再び軌道に乗り始めたはずだった。

第2子出産後、夫は移籍したチームの本拠地へ単身赴任した。歯車が再び狂い始める。万事快調とは言い難い結婚生活だった。神崎は離婚を承諾したが、生活費も支払われぬまま調停は5年に及んだ。離婚成立にあたり裁判で定められた養育費は、今日まで一銭も支払われていない。

「びっくりしますよね。でも、そういうところも燃料にできるところが私の良さだったということに気づきました」

別居後に神崎の頭を最も悩ませたのは、生活費の問題だった。

「物を売って生きていくなんて、考えたこともありませんでした。惨めでした。でも、この惨めさが私の中ではとても重要だったんです。これ以上惨めになりたくないと思ったのが、あとから考えるとすごくよかった」

2人の子を抱えながら、神崎は大きな賭けに出る。保険を解約して再び美容関係のスクールに通い、換金できる持ち物はすべて売って、自宅で美容サロンを開いたのだ。しばらくはカツカツだったため、外資系アパレルチェーンでアルバイトをしていた時期もある。

「当時住んでいたのが中央林間で、隣の隣の駅にグランベリーモール（2017年まであったショッピングモールのこと）があって。一番活気があったのがその店でした。人に提案する接客っていいなと思って。ママ友達もパートしてたのが大きいです」

しかし、現実は甘くなかった。

「インカムをつけて働いていると、時間単位で売上の数字が耳に入ってくるんです。とにかく試着室にお客さんを回せと言われました。そこには接客担当がいて、その人が売る。私は売り場でお客さんと話をしたかったけれど、あなたはつなげばいいから、ここでとやかく言わなくていいから、つなげ、つなげ、数字、数字と毎日言われて。もちろんそうですよね、ビジネスだから。やっぱりそうだよねと、ある意味では学びでした」

七転八倒の過去を語るとき、神崎は「よかった」や「学び」という言葉をよく使う。楽観的だったと気づかされた場面ほど頻繁に。どんな出来事からも学びを得て血肉にし、傷ついたままでは終わらせない方法を、学ばざるを得ない日々だったとも言える。

個として必要とされたいが、それを求められる場面はなかった。神崎に、唯一無二の個性もスキルもキャリアもなかったからだ。

「私のいい部分って、粘り強くて集中力があって、ちゃんと人と話もできるところだと思っていて。なのに、全然うまくいかない。いい自分が体感できないのがとてもつらかったです」

まさに、冒頭で神崎が口にした「自分らしさを見てもらう前に終わる」毎日。しかし、目の前には食べさせていかねばならない子どもが2人いる。

「それまでは、底力を出さなくても、なんとなくで生きてこれちゃったんです。でも、ここからは違う。お金もない、仕事もない。どうしようもなくなったことで、蓋をしていた自分をパカッと開けられたんだと思います」

自分の人生を生きたい。自分を軸にした人生が欲しい。結婚してから無自覚に抑制していた、自己実現の欲望が、うずきだした。

ようやく離婚が成立した2010年、神崎は34歳になっていた。美容家兼タレントとして、芸能界に復帰したのがこの時期だ。当時のスポーツ新聞でのインタビュー記事を見ると、固い笑顔の奥には怯えと覚悟の両方が透けて見える。

「美容家です、と言っても仕事もないので、毎日マネージャーと、どうしたら仕事が取れるかを話し合っていました。ちょっとお声がけをいただいた場所で、精一杯できることを表現していく時期。必死でした。ここでやらないと、自分の人生、なんかよくわからなくなっちゃうし、なにより子どもたちが大きくなったときに、全力で応援できる親でありたかった。だから絶対にお金を稼がなきゃいけないと」

当時の女性週刊誌には、お弁当作りやママファッションの企画で、一のオーダーに十で応えようと奮闘する神崎の姿がある。主婦向けフェスでのメイクレッスンやセミナーにも、講師として積極的に参加した。

活動を開始した年に、初のメイク本『神崎恵の3分からはじめる大人のアイメイク』（主婦の友社）を出版。ターゲットを徹底的に絞り、美容時間が足りない主婦層に狙いを定めた。次の年には早くも2冊目を発刊。発売後すぐに増刷され、発行部数は3万部超え。考えに考え抜いた神崎の地道な努力と工夫が少しずつ実ってきた。

翌年に3冊の美容本を出版。ここまでの著作名は、良くも悪くも既視感があり、比較的穏便だった。そして2013年1月、件《くだん》の『読むだけで思わず二度見される美人になれる』が発売され、増刷に次ぐ増刷で、翌月には6万部を超えた。

以降、『会うたびに「あれっ、また可愛くなった？」と言わせる』（中経出版）、『いるだけでどうしようもなく心を奪う女になる』（大和書房）、『「あのコの可愛さは普通じゃない」と噂される女になる』（宝島社）など、物議をかもすタイトルの著作が飛ぶように売れた。タイトルはすべて、神崎が考案したものだ。

「昔から、なにをしても私のことを嫌いな人は嫌いなんです。好かれたいと思っても、自分らしさを出しても出さなくても。ならば、仕事として誰かに引っかかるには、そっちに振り切ったほうがいいと思って。どこを見ても、こういう人たちはいなかったから」

まだ何者でもない自分が食い込めそうなマーケットをニーズから逆算して掘り起こし、仕事のためと割り切って開拓した道。必死で歩いていくうちに、神崎はファンにとって代わりのいない存在へと進化した。何者かどうかは、自分ではなく常に他者が決めるのだ。私が「神崎の顔が変わった」と感じたのは、そのころと重なる。

「私の感覚的にも、ひっくり返ったタイミングがありました。再婚して3人目を産んでからじゃないかな。とりあえず自分で生きていければ、それでよしみたいな感じ。すごく楽になって、もう余計なものは要らないと思って。女みんなで生きていきたいという思いが強くなったんです。闘いながら生きていると、『女、頑張れ！』と思うんです。もっとたくましく自分の人生を生きていこうって。そう思っても生きられない人がたくさんいることを、私自身のことも含めて知ったからこそです」

どうやら、幸せの絶頂が彼女の顔を変えたのではなさそうだ。結婚という枠組みに囚われない、女の人生について思うところが生まれたようだった。

「女として生きることの難しさと、パワーを持つことの大切さを知りました。いまは自分の言葉で話せるようになったんです。やりたいことができるようになったら、誰からも好かれるような容姿も必要なくなった。なにもないときは誰にでも好かれなきゃと思ったけれど、いまは仕事という武器がある」

現在の神崎は、女であることを十分に楽しみながら、同時に堂々としてもいる。前者を叶えれば、後者は頼りない佇まいになるのがそれまでの常だったが、神崎は「いまが一番美しい」を更新しながら、力強い46歳になった。

以前、神崎と対談した際に同席した編集者は、鶴が自分の羽を抜いて織物を織るように働く神崎を「とにかくファンに尽くし過ぎだ」と諌《いさ》めた。神崎は「おなかいっぱいにして帰してあげたいのよ」と絞り出すように答えた。

「余すところなく教えたい。私が知っているものは全部あげたいし、伝えたい。自己満足です、結局。『してあげたい』という言葉を使っているけど、自分がこれ以上なくやりましたというところで終わりたいんですよ。私もファンのみなさんからたくさんもらっているから。みなさんの声が私の仕事になり、みなさんからの信頼が次の仕事につながるので」

今年（2021年）、神崎は美容家を育成する「神崎美容塾」を始めた。授業料は無料、受講者には5万円の準備金が用意される。かつて、持たざる者だった神崎ならではの配慮だ。

「みんなで力をつけていこう、元気になろうということに加えて、自分ひとりで闘っていくのに疲れちゃって。ひとりで闘うと順位争いになっちゃうんですよ。負けず嫌いだから、そこを諦めきれなくて。速度を緩めるのが、すごく怖いんです。だから私の知っていることを全部渡して、その子たちがチームで闘ってくれないかと」

孤軍奮闘からの離脱。50歳の背中が見えてきた女にとっては、自分さえ頑張ればなんとかなるという過去の経験が枷《かせ》になりがちだ。

「この先も走り続けるとは思うんですが、できる範囲で緩めていきたいとも思っています。あと、今年明確になったのは、そろそろみんな私に飽きてきているということ。肌で感じます」

2020年も2021年も、神崎にとってはもがきの年だった。

「焦りです。みんなが自分に興味をなくしていくという、自分が声を上げる場所が少なくなっていくことへの焦りと恐怖ですよね。それが常にあるんですよ。神崎恵を知りたいというみんなのバケツがいっぱいになったのも感じるし。そろそろ変えていかないとダメだなという時期です」

まだまだ、神崎には開拓してほしい道がある。老いの一歩手前、老けと美の融合という大仕事だ。

「先輩方は、美容業界にはおばさんの時期がないと言っていて。若者から、評価の対象が突然おばあちゃんになる。老いていくことが許せないんですよね、きっと。これからはいい意味で老いを出していかなきゃいけないでしょう。そこを隠してきたじゃないですか、私たち。もっと出す努力と工夫をしていかないといけないんだろうと思います」

もがきの季節は続いていく。

「不安定さが私のいいところなんです。感謝はしても満足はしないから、燃料を燃やし続けられる。もがいている気配があったり、匂いがしたり、幸せそうに見えて、実は100%幸せではないところが私の魅力なんです。美容って生々しいもので、コンプレックスや、見返してやろうという気持ちから生まれます。私もそうなので、そこは共有したい。それでいいんだよと。私が完璧だったら、ここまで私のことを応援してくださる方はいないはずなんです」

しかし、神崎ほどの度胸を持って人生に挑むのは、誰にとっても並大抵のことではない。

「保険をかけながら生きてると、人生を変えるようなことは起こらない。ここまでやったからというリスクがないと。とにかく、いろいろ動くしかないんです。頭だけで考えると、どうしたって諦めさせる循環に入ってしまう。その循環を断ち切るには動くしかない」

自分の人生のはずなのに、誰かのペースで生き、自分の声がどこにも届かず、息をしているのにしていないように感じたら要注意だ。

「自分の気持ちより、誰かの気持ちを優先しなければいけないときもあります。でも、これをやったらこう思われるかもとか、自分の優先順位が常に後に回っちゃうのはおかしいんです。自分が軸であるべきだって」

とは言え、神崎のようにはできないという声を聞くこともある。

「ここだという合図が来るから、それを見逃さないでくださいと伝えています。いつの間にか、みんなの輪を崩さないように、空気を読んで生きなさいって育てられちゃっているけど、無理をしなくても合図は来ます」

まさに、神崎自身のことではないか。最初の合図が来たとき、若き日の神崎は丸腰だった。40代半ばを過ぎたいまは、いつでもアクションを起こせる安心感があると言う。

「ちょっとした負荷を自分に掛けながら生きています。住居とは別に仕事場を持つのも、子どもたちを含め、いつでも逃げられる場所があると安定につながるから。このために頑張ろうという思いもある。もがいて、もがいて、やっと自分になれたと思っています。どうにかなります。死に物狂いで頑張れば」

美容はなんのために存在するかという問いに対する、神崎の答えが興味深かった。

「私にとっては、自分が気持ちよくあるためなのと同時に、自分を有利に動かす、優位にする手段にもなるもの。目的は人それぞれだと思いますが、私にとってはモヤモヤした気持ちを晴らし、ちょっとしたパワーになるのが美容です」

盾にも矛《ほこ》にもなる武器、それが神崎にとっての美容なのだ。


（2021年12月21日発売号）

北斗晶

「自分ができないことを補って
助けてくれる人たちがいれば、
人生回るんだよ」

ほくとあきら／1967年埼玉県生まれ。85年、17歳で全日本女子プロレスに合格し、デビュー。歌手活動なども行うアイドルレスラー時代を経て、ヒールレスラーに転身。男子顔負けの本格的ファイトと天才的マイク・アピールで92年以降の女子プロレスブームの火付け役に。95年、プロレスラーの佐々木健介と結婚。日本初のママレスラーとして活動後、2002年に引退。現在はタレントとして活躍する。

北斗晶と聞いて、頭に浮かんでくる顔はどんな表情をしているだろう。ほとんどの人にとって、それはテレビやブログで見る、親しみやすい満面の笑みではなかろうか。

私の手元に一冊の雑誌がある。１９９４年1月20日号のスポーツ専門誌『Sports Graphic Number』。表紙は血塗られたように赤く、アイホールと唇、爪を真っ黒に染め、白地に金の刺繍が施された衣装に身を包むスレンダーな金髪の女子プロレスラーが、むき出しの日本刀を担《かつ》いで立っている。

これも、紛れもなく北斗晶なのだ。当時26歳。ざっくばらんな意見をポンポンと口にする、料理上手な賢い主婦という現在のイメージからは程遠い。

当時のインタビューや著作には、切っ先鋭い言葉を矢継ぎ早に並べプロレスを語るヒールレスラーの彼女がいる。嫌われることを恐れず、我を通し、何度でも立ち上がる姿が一貫していることに不思議はないのだが、人物像があまりに強固だ。

「私がしゃべったことを記者の人がきれいにまとめてくれた本と、私の思いが１００%同じかといえば違うような気もします。これ以上直してくれと言ったら申し訳ないという気持ちもあった気がするので。54年生きてきて、当時の考えや思いとは変わっていくところもありますし」

嘘を書かれていたわけではないが、描かれたものがすべてではなく、当時と考えが変わった点もある、ということか。

北斗には、なにを尋ねてもすぐに答えが返ってくる。どの言葉にも全方位への配慮があり、起きたことは自分で引き受け、誰のことも傷つけまいという意思を言外から強く感じる。

1967年、のちの北斗晶となる宇野久子は埼玉県北葛飾郡吉川町（現・吉川市）で生まれた。曾祖父母、祖父母、両親、3人姉妹の4世代9人が同居する大家族だ。

「望まれて生まれたわけではないと、小学生のころに知ったんです。自分の名前の由来を親にインタビューする宿題があって、生まれたときの話を親に尋ねました。うちは100年以上続く農家の本家なので、家族は跡取り息子が欲しかった。姉は初孫で喜ばれ、みんなが2番目を楽しみにしていたそうです。2人目は流れてしまい、その後にできたのが女の私でした。つまり、2人目が生まれていたら、私はこの世に誕生していなかったんですよ。だから、女が生まれて余計にがっかりしたんでしょうね。生まれても誰も顔を見に来ず、母親は実家に戻りました。誰からも『こんな名前にしたら』とも言われない。しまいには私が笑うようになってしまったと。赤ん坊が笑えるようになる時期まで実家にいたということです」

　久子という名前は母がつけたという。母の大親友に、校長の娘で明るくて運動も勉強もできる、久子という児童がいた。

「学校に来ると『チャコちゃん、チャコちゃん』ってみんなが集まってくるほど人気者だったそうです。あんな子に育ってほしいと願って、久子と名付けられました」

　おとなしく、勉強もスポーツもできる姉。一方、北斗はおてんばで年中怪我をするような子だった。

「みんながバカだバカだ頭が悪いと言うなかで、おじいちゃんだけが『チャコはバカだってなんだっていいんだよ。将来は頭のいい人を使える人間になれよ』と。小学校の低学年だったので意味はわからなかったんですが、とても印象に残りました」

　中学校ではソフトボール部に入部し、スポーツ推薦で東京の私立高校へ入学。しかし、友人に連れていかれたプロレス観戦をきっかけにプロレスラーになる夢が芽ばえ、高校を中退。全日本女子プロレスの入団試験を受け、合格した。３５０００人の応募者から選ばれたのは、たった10名だった。

　北斗のプロレスラー人生は、始めから順風満帆だったとは言い難い。17歳で入門したのち、初めて参加した合宿で15歳の同期が命を落とした。本名の宇野久子でデビューし、19歳でＷＷＷＡのベルトを手にした直後には、試合中に首の骨を2本折る大怪我を負った。医師からは「二度とプロレスはできない」と宣告されたという。

長期休業ののち、復帰を渋る運営の声をはね返すように、ファンから8万人の署名を集め8カ月でリングへ戻る。その後、クラッシュギャルズ人気にあやかり同期のみなみ鈴香と「海狼組（マリンウルフ）」を結成。リングネームを北斗晶に改めアイドルレスラーを期待されたが、人気はさほど出ず。夢に描いていた姿からはほど遠かった。

そしてメキシコへ。

「当時、メキシコのＣＭＬＬ（Consejo Mundial de Lucha Libre）という団体と全日本女子プロレスが提携していました。メキシコはシングルマッチより2対2や3対3で闘うタッグマッチが主流なので、日本からも2人ずつ行くことになっていたんです。2回目に私の付き人だった子と後輩が行ったんですが、ちょっと寂しいなと思いました。そばにいた子が遠征で3カ月帰ってこないわけですから」

当時の全日本女子プロレスは、「オープン」と呼ばれる野外特設リングでの試合も多かった。後輩が旅立つ日、北斗が空を見上げると飛行機が飛んでいた。

「あ〜、寂しいなあなんて言ったら、松永高司会長（全日本女子プロレス創設者）が『ん？　もう帰ってこなくていいんだよ、あいつらは。日本にいたって人気もないし客も呼べないし、いてもいなくてもいいやつが行くんだから』って言ったんですよ。実際、良いポジションで試合をできる子たちではありませんでした。言っていることは間違いないんですけど、『ひってぇ、会長』なんて言って、その日は話が終わったんです」

3カ月後、今度は北斗が会長室に呼ばれた。

「『おまえ、もう一人の付き人と次メキシコへ行ってこい』と。会長は前に自分が言ったことを覚えてないんですよ。そういう人なので。その瞬間、がっかりというより情けなくて笑っちゃって。腹も立つし、観光がてら行って帰ってきたら辞めてやろうと思ってました」

当時の女子プロレスは酒・たばこ・男が禁止で、25歳で引退するのが通例だった。北斗もそういう時期に差し掛かっていた。

「確かにそのときの私はそこそこで、うだつも上がらなかった。それってどんな世界でもあるじゃないですか。いてもいなくても支障がない、いつ辞めても会社は回るやつ。そんなもんじゃないですか世間て。23歳にしてそれがわかっていたので、辞め時なのかなって」

結果的には、1992年のメキシコ初遠征が、彼女のプロレス人生の大きな転機となった。

女子プロレスラー時代の北斗を私が知ったのは、つい最近のこと。YouTubeでオススメに出てきた1993年1月24日、つまり北斗のメキシコ遠征帰国後に催された、全日本女子プロレス対LLPW団体対抗戦6人タッグマッチを観るまでは、彼女がどんな試合をしていたのかも知らなかった。

思い入れの強いファンが多いプロレスは、語るに荷が重すぎる。しかし、興行ベースのスポーツエンターテインメントである限り、そこには「魅せる」要素が不可欠となることはわかる。勝敗だけで語れる話ではない。

3対3の6人タッグ戦で、北斗率いる三田英津子と下田美馬の全日本女子プロレスチームは勝利を収めた。しかし、それだけでは28年の時を経たいま、その試合動画がYouTubeのオススメ動画に上がってくることはない。全盛期の女子プロレスの年間試合数は200を超えており、忘れられる試合のほうが圧倒的に多い。語り継がれる勝負には、それだけの理由がある。4年前（2017年）にアップロードされた試合動画の再生回数は73万回だ。

北斗は対戦相手に技でダメージを与え、勝敗の決定的瞬間を後輩の下田に譲った。その後、北斗は控室に戻り三田と下田の横っ面を叩く。「心のプロレスをしろ！」と叫びながら。プロレスを通し人と向き合う姿、後輩にフォールを譲り勝利する姿、控室で激怒する姿。北斗がそのすべてを観客に見せ、ゼロから物語を紡ぐさまに、私は度肝を抜かれた。

「あの試合は鮮明に覚えています。すごい落ち込んだんです、あの後。あの二人を育てた私が、あの二人をぶん殴ってる。私があの子たちに練習を教えたり、付き人にしてずっと一緒にいたりしたわけです。練習をして、プロレスの話をして、私の美学を伝えたかった。攻撃することじゃなく、やられてもやられても立ち上がる姿。勝ち目がなかったとしても、相手の技を華麗に受けて立ち上がることが私の美学でした。それを教えていたつもりだったんですけど、相手の良さをまったく引き出せなかった試合でした。あの子たちが悪いんじゃないんですよ、結局。私の器量のなさだったんですよね」

試合後に控室でもうひとつの見せ場を作り、試合の輪郭をより際立たせた弱冠25歳の才女に、私は痺《しび》れたのだが。

「答えは自分の中にあるわけです。あの試合の答えは、スーさんの中にあり、三田の中にあり、下田の中にあり、私の中にあり。会場で観ていたお客さんの一人一人がみんな違うと思うんですすよ。私にとっては、若かったこともあって、私のダメさが出た試合なんです。見たいと思わないですもの」

若さゆえの失敗には、誰もが見舞われる。問われるのは、それにどう立ち向かうかだろう。

「なんでも跳ね返すイメージも強いと思いますけど、そんなこともないんです。人生って、なんともならないタイミングがいっぱいある。メキシコ遠征がそうでした。辞書も持たずに行っちゃったんですよ、なんとかなると思って。でも、ならなかった。喉が渇いて『これ』って指差して買った水が、開けた瞬間にシュパーッてなって。アグアミネラル（ミネラルウォーター）とアグアコンガス（炭酸入りミネラルウォーター）の、コンガスのほうを買っちゃったんですね。私はこの国で水1本買えねえよ、と思って」

同行した後輩の手前、不安な姿は見せられない。新人時代、頸椎骨折すら克服した北斗だったが、準備不足ではなんともならないこともあると痛感した。しかし、そこで匙を投げる北斗ではなかった。

「それからはジョン万次郎ですよ。目で、アクションで観察するんです。一日3試合あって『ノスベモス』と言って楽屋を出る人と『アスタマニャーナ』と言って出る人がいる。前者は次の会場にもいる。後者は次の日にいるんですよ。だからメモしました。『ノスベモス』の人＝すぐ会う。『アスタマニャーナ』の人＝次の日に会う。正という字で集計をとったんです。正が増えていったら確信に変わるんですよ。『アスタマニャーナ』って『また明日ね』なんだと」

北斗が持っていた日本の化粧道具に興味を示したメキシコ人レスラーが「コモセディセ　ハポン」と化粧品を指さしたことがあった。

「ハポンは日本だと知っていたので、『コモセディセ　ハポン』は日本語でなんて言うのかを聞いてるんじゃないのかと思って。『コモセディセ』を覚えてからのスペイン語の覚えは速かったです。周囲に『コモセディセ』って聞いて、全部紙に書いて覚えていったんで。おしゃべりなんで、人としゃべりたかったんですよ。あとは、同じ控室にいても対戦相手がなに言ってるかわかんないし。『アキラ』って聞こえると、このやろ、私の悪口言ってるなって。ワハハ」

語学力不足から、お金をごまかされたこともあった。メキシコのテレビで放送されていた「キャンディ・キャンディ」を観て、思わずホームシックになったこともある。CMLLの社長に挨拶に行った際、来日経験のある男性プロレスラーから教わったフレーズを伝えたら、それが卑猥《ひわい》な言葉だったことも。

「はじめまして、私の名前は北斗晶です、のあと『パパシート　エスタスビエンクワントス』と言えって。日本語に訳すと『色男、おまえ何回できるんだ』っていう意味。それを『よろしくお願いします』だと教えられて。社長が大笑いしてくれたからよかったんですけど、あとからわかったときに、こいつら舐めやがってと。あとは、溶け込みたかった。ここで花を咲かせたいなら、場に慣れなければいけない。そういう全部が私をジョン万次郎に変えました」

なんの期待もなかったメキシコ遠征で、北斗はスペイン語だけでなく、自分を魅せる術を学んだ。

構造上、メキシコの試合会場は上方の席からリングが見えづらい。

「一番上の人たちにも私のやってることを知ってもらいたかった。爪でひっかいてるのか、口で嚙んでるのか遠くからでもわかるように、爪も唇も黒く塗りました。一番相手にしなきゃいけないのは、特別リングサイドの席を買ってくれる人ではないんです。お金がなくても観に来てくれた、会場の一番上にいる人。その人たちが面白かったと思えば、次は3000円の席を5000円にしてくれる。5000円の席を7000円にして、いつかは15000円の席で観たいと思ってくれる。でもなにをやっているかわかんなかったら、面白くないという印象のまま帰ってしまう」

帰国後、北斗は日本でもヒールターン（悪役転向）し、めきめきと頭角を現した。

ＳＮＳで選手の素顔が覗ける現代と異なり、印象は興行がすべて。ヒールには、カミソリの入った手紙が送られてくる時代だ。

「悪役という言い方はあんまり好きじゃないんで、ヒールレスラーと言っています。人気選手を痛めつけるんですから、嫌なこともありました。メキシコでは砂や小石を投げられたり、紙コップに入ったビールをかけられたこともあれば、カップにおしっこを入れてひっかけられたことも。でも、自分で選んだ道だから言えますけど、悪党って得なんですよ。おっかない北斗晶が『あ、ハンカチ落ちましたよ』って言ったら、結構いいヤツだなってなりますよね」

人の目を惹きつけるため、北斗は目に入るすべてにこだわった。

「お給料は全部コスチュームに使う。大きな場所では同じものは二度と着ませんでした。北斗晶は今回どんな衣装で出てくるんだろうというのも楽しみのひとつになっていたと思います。両国、武道館、横浜アリーナ、文体（横浜文化体育館）、毎回違うものを一式揃えて。新しいコスチュームで出た瞬間、お客さんがウワーッてなるんです」

着物を模したガウンを羽織り、連獅子で歌舞伎役者が被るようなかつらで頭を、夜叉の面で顔を隠した北斗が花道を歩く姿は圧巻だ。

「北斗晶の姿が初めてお客さんの前に現れるのは、リングアナウンサーが私の名前を呼んだあとリングの上でと常に心掛けました。自分より前にある後輩の試合を、舞台裏から観たりもしない。本番前に私の姿が見えてしまったら、お客さんの興奮が変わるから。技を考えないわけではないんですけど、それよりも扉を開ける瞬間からのことを考えていましたね。試合はそこから始まってるから」

脇役としての正しい振る舞いを求められがちな女性にとって、多くの人の目を惹きつける自己プロデュースは、苦手分野に入ることではないだろうか。

「子どものころから『こうしたい』という意思は強かったと思います。姉と私に人形が買い与えられたら、私は髪やスカートを短く切ってしまったり。すごく叱られましたけど、私は短い方がいいと思ってやっていたから」

北斗にとってそれは、いたずらでもなんでもなく、プロデュースだったのだ。

「大切なのは、お客さんの心をつかむ瞬間です。鉄板の笑い話にもつかみどころってありますよね。どんな話にも強弱があって、声を大きくすればいいってことではない。じゃあリングの上でお客さんの心を一気につかむのはどこなのかといったら、私の必殺技だったノーザンライトボムを出す瞬間ではないんですよ。出す前なんです。『ノーザンライトボム行くぞ〜』ってアピールした瞬間。そこで会場がウワーッて興奮して、技がきまらなかったらお客さんは落胆する。ガンと掛けたときが、勝ったぞとお客さんが確信する瞬間。一番沸くのは、必殺技を掛けると私が会場にアピールした瞬間。次が落とした瞬間。最後がワン・ツー・スリーが入った瞬間。この三つが重なったとき、最高のボルテージが来る。つかみどころをいつも考えていたんじゃないかな、プロレス時代は」

タレント活動については、ここまで長く仕事をさせてもらえるとは思っていなかったという。

「違う畑で育っていくのはとても難しいです。芋をつくるのに合った畑ってあるんですよ。農家の娘なのでわかるんですけど。私は自分に合った土で育ってきたけど、芸能界は土が違う。そこで少なからず芽だけは出せたのはすごいことで、まだまだ育っていかなきゃいけない。プロレスの自己プロデュースや、私はこうでなきゃいけないというような我の強さはこっちでは通用しないんですが、なぜ私をブッキングしてくれたのか、なにを求められているのかは考えられます。他に誰がブッキングされているかを見れば、私は主婦タレントとして呼ばれているんだなってわかる。この話題ではこういう話をしてほしいんだろうと分析してから臨むようになりました」

望まれて生まれてきたのではないと知ってから、北斗は自分の存在価値を周囲に証明することに熱意を持ち続けているように見える。

「プロレスラーとして、喜びが見出せない時代もありました。でも、どれだけつらかったかと問われると、正直思い出せない。一生懸命、いっぱいいっぱいの中でやっていたから。子育てにも似てると思いました。すごい練習量でしたけど、50代半ばになると、あれをこなしていたからいまがあって、耐えられたから、もうなにがあっても大丈夫と思っちゃう自分もいる。悪い思い出よりも、それをはねのけた印象のほうが強く残っています。時は癒やしって言いますけど、傷を癒やしたり、思いが変わったり、時が経つってそういうことなんだと、実感しています」

なにがあろうとも、最終的には自分に利を生む経験だったと腹落ちさせられる人は、必ず歩を前に進められる。うらみがましさを手放せるようになるまで、私は自分に成し遂げる力があると信じることができなかった。攻撃翻弄の対象としてしか自分の存在理由を見出せずにいる人が前を向くパワーを、人は後天的に養うことができるのか。

「とても難しい質問だと思います。頑張れる人もいればそうでない人もいることを、私は病気（48歳のとき、乳がんで1年2カ月休養）で知りました。頑張ってる人に頑張れって言っちゃいけないって言われますよね。でも、病気をした私にしたら『頑張れ』以外にどんな言葉をかけてもらえばいいのって。頑張るしかないんですよ、生きるために。頑張れば、上に行けるという話じゃないんですけどね。そもそも、上に行

北斗晶

くアクションのイメージ自体が間違えてると思うんですよ。抜けるのは上じゃなく、左右どっちか」

　抜けるときは、横から。抜け道が左右にあると捉えられれば、這《は》い上がる力がない人にとっても、脱出はタイミング次第と考えることもできる。その機を待つ者にとって、北斗は憧れの存在だろう。

「憧れだと思う人と同じように、憎たらしいと思う人、うらやましいと思う人、自分だけニコニコ幸せそうにしやがってと恨みに思う人もいると、常に思っています」

　１９９３年４月、北斗は当時最強と謳われたＬＬＰＷ所属の神取忍《かんどりしのぶ》をマイク・アピールで引っ張り出した末、壮絶な流血戦に勝利した。名実共にトップの座に君臨した瞬間である。

　ついたキャッチフレーズはデンジャラス・クイーン。これも語り継がれる名試合だが、北斗にとっては別の意味を持つ試合になった。

「（先述の６人タッグマッチとは）全く意味が違いますけど、とびきり落ち込んだ試合でしたね。プロレスラーとして、ではなく」

　北斗vs神取の試合はセミファイナルだった。大怪我を負っていたが、次のメインの試合終了後にインタビューを受け、着の身着のまま目黒の救急病院へ向かう。傷の処置を終えマンションに戻り鏡を見ると、コスチュームの胸のあたりはすべて、血で茶色く染まっていた。白い衣装をまとっていたはずなのに、白く残された部分はどこにもなかった。

「コスチュームを脱いで、頭の包帯を取ったんです。鏡で見たら、縫い跡がまあすごかった。この辺（頭頂部）も剃られて。パイルドライバー（相手の頭が下になるように体を抱え、そのまま杭を打ちつけるように床に頭から落とす技）で机の上に頭から落とされて切れていたので。縫うときにホチキスみたいなのでバッチン、バッチン留めるんですよ。もうフランケンシュタインみたいでした。頭を怪我すると目が出てくるし、口のあたりも腫れてきて。その瞬間、女に戻ったんです。ただの女に。初めて鏡を見て泣きました。こんなになっちゃってって」

これも、25歳の出来事だ。93年はなんと目まぐるしい1年だったことか。北斗はこの時、初めて本気で引退を考えたという。

結果的に、北斗はここでは引退を選ばなかった。モチベーション維持に悩みつつ、1995年にアントニオ猪木が北朝鮮で主催した「平和の祭典」に参加。出会った新日本プロレス所属（当時）の佐々木健介と交際2週間で結婚し、世間を驚かせた。

「三禁の『酒・たばこ・男』の中で男が一番問題なんですよ。そんな中で結婚をした。

女子プロ界のお騒がせ女と言われていました」

佐々木の直談判で、北斗は結婚後もプロレスラーを続けることを全日本女子プロレス会長から了承された。結婚・妊娠・出産後も活躍する女子プロレスラーのパイオニアが、北斗晶なのだ。

「妊娠したのも急だったので、トーナメントを欠場させてもらって。そこで引退してもよかったんです、本当は。だから、かっこいい話じゃないんです。引退を言い忘れちゃっただけなんですよ」

北斗は笑いながら謙遜するが、実績を作ったことに違いはない。仕事でも女性の活躍が世間に認められ始めた時代だったことが、追い風になったとも言う。

「結婚しても、女が仕事を続けられる世の中であってほしいと思っていました。若いころからずっと練習してきたことを、幸せをつかむと同時にやめなければいけないのはおかしい。結婚しても、子どもを産んでも、自分の仕事ができる場であってほしかった」

北斗には、男子に引けを取らぬ試合をしているプライドもあった。

「プロレス雑誌は、いつも男子レスラーが表紙と巻頭。お金のある大きな団体だからだとは思います。でも、それに負けない実力、あいつが表紙にならなきゃおかしいと言われるようになろうと。表紙になったとき、勝ったなと思いました。なんで女のこいつなんだよと腹を立てた人もいるでしょう。それにも打ち勝ちたかった。現役は続けましたが、いま振り返ると、プロレスは青春で終わらせるものだとも思うんですけどね」

そう語る理由は様々だろうが、引退後の人生を肯定できなければ放てぬ言葉だ。北斗は常に「勝ち」を引き寄せているように見える。

「勝ったか負けたかわかるのって、目を閉じる瞬間ですよ。私はまだ人生に勝つってどういうことなのか、勝ち負けで済むものなのかもわからない。ただ、いろんな国に行っていろんなことを経験して、いろんな人と出会えた。勝ち負けよりも、人生は足し算みたいなもんだなと思ってます。最終的に残るのは一人か二人かもしれない。でも、足し算の最後の答えが自分一人じゃなきゃいいなって」

祖父の言葉がよみがえる。

「自分ができないことを補って助けてくれる人たちがいれば、人生回るんだよと、おじいちゃんは言いたかったんじゃないかな。結局はハートだってことですよね」

私のような、当時を知らぬ人々が動画で北斗晶のプロレスに触れ、明日も頑張ろうと奮い立つ。北斗は比類ない財産を残してくれた。

「引退したとき、最終的なゴールはベルトじゃなかったと思いました。ゴールは自分で決めなきゃいけなかった。人の記憶に残ってくれたのなら、それはもう本当にプロレスラー冥利に尽きますよ」

北斗晶の最期はうんと先になるだろうが、足し算の結果は万を優に超えるだろう。彼女が会ったこともない、北斗晶に助けられた人たちが、大勢そこにいるのだから。

（2021年9月21日発売号）

一条ゆかり

「私はずっと、私のためだけに存在する私の椅子が欲しかった」

いちじょうゆかり／1949年岡山県生まれ。68年に第1回りぼん新人漫画賞準入選作「雪のセレナーデ」で漫画家デビュー。『デザイナー』『砂の城』『有閑倶楽部』などヒット作は数知れず。2007年、『プライド』で第11回文化庁メディア芸術祭マンガ部門優秀賞受賞。いくつになっても迷える女性たちに授けるエッセイ集『不倫、それは峠の茶屋に似ている　たるんだ心に一喝!!　一条ゆかりの金言集』（集英社）が好評発売中。

一条ゆかりがストーリー漫画を描き終えてから、丸4年になる。

最後の長編作品は『プライド』（2003〜2010年）。オペラ歌手を目指す、裕福な家に生まれた麻見史緒と叩き上げの緑川萌。二人の音大生の成長を、衝突や葛藤を通し描いた大作だ。漫画制作で長年肉体を酷使《こくし》し続けた結果、連載当時の一条は重度の腱鞘炎《けんしょうえん》と緑内障《りょくないしょう》を患《わずら》っていた。

これが最後のストーリー漫画になるだろう。そう察した一条は、『プライド』を描きながら、続きはファンのために描こうと決めた。これまで自分のためだけに描いてきたと言って憚《はばか》らなかった一条だが、己の欠点と真正面から向き合い、より高みを目指すことの大切さを読者に知って欲しかったからだったと、のちのインタビューで答えている。一条は本作で、第11回文化庁メディア芸術祭マンガ部門優秀賞を受賞した。

一条ゆかりは常に、「いま」と「リアル」を表現してきた漫画家だ。他の追随《ついずい》を許さないことが一目でわかるのが、ファッションを始めとする世界中の文化や風俗の描写である。

建物、小物、車の仕様、会議中のなにげないセリフ、衣類の襟や袖口のあしらい、毛先の遊ばせ方、夜遊びの場。どのディティールにも「いま」と「リアル」が顕在しているのは、徹底した取材の賜物《たまもの》である。『プライド』では、未知のオペラを知るために5回ほどヨーロッパに足を運び、ミラノのスカラ座、ウィーンのウィーン楽友協会ホールなどの劇場で、楽屋、舞台袖、食堂まで取材した。日本人留学生はもちろん、ウィーンで音楽を生業《なりわい》としている日本人たちの宴会にも何度か参加し、酒の席ならではの表には出にくい話を聞き、創作の糧《かて》にした。

「女が可愛くておしゃれなのは、世界中どこへ行ってもそうなの。女は、どっかで頑張る人が多い」

中央線沿線の静かな住宅街に建つ自宅のダイニングで、一条は台湾茶を振る舞いながら口を開いた。張りと艶のある声。サービス精神旺盛なのだろう、こちらが尋ねる前からどんどん語ってくれる。

「世界中のZARAを見ていると、面白いのよ。その国の売れ筋をしっかり調べて、お金を払ってちゃんと買ってくれる女子の、一番好きそうなものを大量生産しているから。ZARAを見れば、その国のファッションセンスが一発でわかるの。イタリアのZARA、韓国のZARA、中国のZARA、全部違う。中国は花柄とレースが人気で、日本は日本人体形を見事に隠す服が多い。すごいな、研究し尽くされていると思ったんです」

一条の類稀《たぐいまれ》なる審美眼と観察力が発揮されているのは『プライド』だけではない。『こいきな奴ら』（1975～1978年）、『デザイナー』（1976年）、『ときめきのシルバー・スター』（1981年）、『砂の城』（1979～1982年）、『有閑倶楽部』（1982～2002年）、『天使のツラノカワ』（2000～2002年）など、少女たちに知らない世界の扉を開いてくれた作品。『おいしい男の作り方』（1989年）、『女ともだち』（1991～1992年）、『恋のめまい愛の傷』（1995年）、『正しい恋愛のススメ』（1996～1998年）など、背伸びをしたって覗き見すらできないスタイリッシュな大人の関係を、惜しみなく見せてくれた作品。すべての作品に通底する「いま」と「リアル」は、ありそうで絶対にありえない物語の大きな推進力になる。

「私ね、昔から『いま』しか描きたくなかったの。バレーボール漫画で成功したら、次はテニス、次は……と、同じジャンルで少しずつ変えながら人気を維持するのが普通なんですって。でも、私は前と同じものは絶対に描きたくない。嫌なの、自分の真似をするのは」

1949年、一条ゆかりは6人きょうだいの末っ子として岡山県玉野市に生まれた。父は三井造船の仕事を請け負い成功した家の二代目で、母は瀬戸内海で活躍した村上水軍の末裔《まつえい》。師範学校を首席で卒業し、お茶、お琴、華道の免許を持つ令嬢であり、教師でもあった。

一条と母親との関係は、一筋縄ではいかない。

若くして父親が事業に失敗。一家は一条が生まれて3日後に夜逃げをする羽目になる。ものごころついたころには、家族は絵に描いたような極貧生活を送っていた。

「姉の生まれて初めての写真が産湯《うぶゆ》の写真で、私の一番古い写真はパンツの片方が下がった3歳か4歳の頃の写真。真っ黒で、じゃりン子チエそっくり。冗談みたい」

押入れの襖《ふすま》を開けると、奥から豊かだった時代の遺産が出てくるのが忌々《いまいま》しかったという。

幼いころ、家族の帰りを待ちながら道路にロウセキで絵を描いていると、上手いと褒められることが多かった。褒められる、求められることが嬉しかった。烏合《うごう》の衆《しゅう》の点のような存在から、私を指名してもらった、そんな初めての経験だったのかもしれない。絵を描く場所には、自分の居場所がある。

ある日、一条は自身が貧困のせいで堕《お》ろされそうだったことを祖母から聞いた。驚きはしたが、弱気にはならなかった。

「小学校1年生くらいのとき、母親に漫画をばかにされたんです。ポンチ絵だって。

我ながら怖いんだけど、漫画以外に関してなら私はわりと穏やかな性格なのに、とても好きなものに対してちょっとでもケチつけられたら、もう、この女は一生許さないと魂に火がついた。反骨精神が強いから、むざむざと屈したくないのよ」

小学校の卒業文集に記された将来の夢は、漫画家。全身全霊を捧げると決めた。

「中学生のころから、世界が私を嫌いでも、私だけは私を好きでいようと思っていました。やっぱり、堕ろされそうだったことや、あまりにも家が貧し過ぎたから、私はここに存在していいんだろうか、いないほうが家が楽になるのではないかという思いもあって。そんなのを5つ6つの子が考えるのは異常じゃないですか。なので、私はここにいていいんだと私がはっきり認めてあげないと、生きている意味がない。私はずっと、私のためだけに存在する私の椅子が欲しかったんです」

中学時代はソフトボール部に所属しながら、大きなバッグを担《かつ》いでゴルフキャディのアルバイトもした。漫画に必要な資材を買うためだ。漫画に集中するため、高校は敢えてランクを落とし近所の商業高校に進む。

高校在学中、一条は16歳で貸本漫画でデビューを果たした。貸本屋とは、いまはほとんど見かけることもなくなったが、図書・雑誌などを期限を決めて有料で貸し出す業種であり、当時は貸本用に制作されていた漫画が存在した。

プロとしての一歩を進んだ一条は、授業中はおろか、帰宅後の家事手伝いが終わると、朝の5時までひたすら漫画を描いた。

「土曜日は徹夜ができるから嬉しかったの。学生と漫画家でまさに、朝と夜との二毛作！」

そう言って、一条は笑った。

好き嫌いがハッキリしていたせいで、地元では浮いた存在だったという。

「ちょっとでも人と変わったことをすると、よくある田舎のやり方で噂三昧ですよ。私にとっては最悪の環境でした。周りからは、ずいぶん不良に見えていたみたい。勉強もスポーツもできたのに、この性格だから。不良の男の子とも仲がよかったけれど、舎弟《しゃてい》にしていただけなのよ」

舎弟は冗談だとしても、不良性が高いもの、タブーとされるものに興味を持ち、本当に悪なのかを自ら確かめにいく節が一条にはあったようだ。

堅い仕事以外に偏見をもっていた母は、ことあるごとに漫画を軽蔑した。漫画の社会的地位が低い時代の話とはいえ、屈辱以外のなにものでもない。それでも、一条は漫画を描き続けた。

「母に認めてもらいたいという美しい話ではなく、私は母をめったくたに、ぺしゃんこにしてやりたかったの。許せなかった。母のプライドを維持するために、なぜ私が嫌な思いをしなければいけないのかって。本当に腹を立てたけれど、子どもが怒ったところで力もない。だから、いまに見てろという気持ちでやるしかない」

1967年、集英社の少女漫画誌『りぼん』が催した第1回りぼん新人漫画賞に、初めて商業誌に投稿した作品で入賞。翌年、18歳で漫画家のキャリアを再スタートさせる。

高校では、常に上位2桁以内の成績をキープした。母親に文句を言わせたくない一心だった。

「この先も、どうせ周りが文句を言って私を汚したりするに違いないから、絶対に自分で自分に汚点をつけてはいけない。どこまでも自分を正しくかわいがってやろうと思ったんです」

なにがあっても漫画のせいにはされたくない。向かい風が吹くたび、一条は決意を新たにしたのだろう。

とは言え、親の理不尽を恨みながらも健やかな自尊感情をもつこと、自分の可能性をひとつも断たないことの重要性に10代半ばにして気付いていたのは、慧眼《けいがん》としか言いようがない。

「私はわりと客観的な性格なんです。たとえばデビュー当時の少女漫画は、名もなく貧しく美しくの主人公がいじめられて、御曹司が助けるような話の全盛期。だから、そういう都合のいい話が嫌いな私の感覚がウケるはずがないと思っていました。かといって、世間に合わせる気もなくて。一緒にスポーツ漫画をやろうと声を掛けてくれた編集者もいたんですけどね。『巨人の星』、『あしたのジョー』、『アタック№1』が大人気でしたから」

新人なら、喉から手が出るほど欲しい連載の誘い。しかし、描きたい題材ではなかった。3日間時間をくださいと編集者に頼み、一条は考え抜いた末に断った。

「スポーツ漫画の、ファイト〜！　ドンマ〜イ！っていうのが大嫌いで。部活でなまじっかスポーツをやっていたから、私が描いたら、失敗した人に『おまえのせいで2位になったじゃねぇか、ふざけるな！』ってなっちゃうしね」

一条には、きれいごとに対する強い嫌悪がある。

「自分のポリシーにかけて、人が『裏』だと思っていることを100％『表』にして描いてきた気がするの。きれいごとを言うぐらいなら、汚いことを言いたい」

一条が描く一流の「リアル」には、人の心の清濁《せいだく》もあることを忘れてはならない。確実に存在はするが隠して然るべしとされる腹の底を、要所要所で、「これが現実だ、人間だ」と浚《さら》って描いてきた。

一条の作品には、若さ、地位、金、才能を、「持つ者」と「持たざる者」に振り分けられた男女4人組が頻繁に登場し、彼らを軸に物語が進んでいく。にもかかわらず、同じ話はひとつとしてない。この座組で、よくこれだけバリエーションに富んだストーリーが描けるものだと圧倒される。

「デビューしたとき、作品のストックがないか尋ねられたこともありました。なぜ、わざわざ昔の服を出してくるようなことをしなきゃならないのかと思った。私はいつも、いまの私の最高を出したい。将来こんなのが描きたいって話もよく同業者から聞いたけど、なぜいま描かないの？ と。その情熱は、1年経ったらどうなるかわからないでしょ？」

当時の少女漫画には、「キスシーンはNG」というような編集ルールがあった。一条は情熱の鮮度を落とすことなく、それらをかいくぐって描いた。少女たちを囲う柵を、アイディアと技術でどんどん壊し、柵の外の魅惑的な景色をこれでもかと見せた。デビュー以来、彼女が第一線から退いたことは一度もない。少女漫画の女王と言われる所以《ゆえん》がここにある。

「人が持っているものは欲しくないし、自分だけが持っているものが欲しい。そういうのがすごくある。成功したい、有名になりたいとは思っていなかったの。そんなものは、どうでもいいこと。ただただ漫画が好きで、漫画だけで生活できたら、どんなに幸せだろうと思っていましたから」

高校を卒業し、岡山から単身上京してきた日は大雪だった。上野から歩いてほうほうのていで御茶ノ水にたどり着き、風呂なし4畳半の下宿でひとり暮らしを始めた。その後に新宿へ移り住み、引っ越しを繰り返しながらも、新宿区からはしばらく離れなかった。

ファッション業界を舞台に母と娘の物語を描いた『デザイナー』は、一条のオリジナリティーを確立した作品だ。新宿時代に、24歳で描き始めた。

本作で、一条にしか描けない世界が世に放たれたのは、必然と言える。

それ以前の作画は、読者から萩尾望都や大島弓子の作品に似ていると非難されることがあった。編集者の要望を聞き入れて描いていたからだと気付き、一条は反旗を翻《ひるがえ》す。描きたいものを描く。ダメなら即終了で構わないと啖呵《たんか》を切り、一切打ち合わせをせず描き始めたのだ。

「本当に、死ぬほどあれを描きたかったの。（主人公の）亜美なんかどうでもいいの。私は（亜美の母親の）鳳麗香《おおとりれいか》を通して仕事に生きる女のプライドを描きたかった」

『デザイナー』は、女性の野心を真正面から肯定する作品だ。プロとは、仕事とは。トップモデルだった亜美が、のちに自分を捨てた母親とわかるデザイナー鳳麗香と同じ土俵で競う物語には、禁断の愛も描かれる。

およそ少女漫画誌に似つかわしくないテーマを、一条は少女漫画として描き切った。汚いとされることを、汚いままに美しく。結果は大ヒット。その魅力はいまも色褪《いろあ》せず、文庫として長く読み継がれている。

描き始めるにあたり、タイトルを『プライド』にしようか迷ったこともあったが、採用しなかった。少女たちには『プライド』より『デザイナー』の方が魅力的に響くだろうと計算した結果だ。他人に人生をデザインされる者と、自分で人生をデザインする者の戦い。描かれているのは、紛れもなく仕事に生きる女のプライドだ。

20代半ば、漫画家生命を賭して描きたいものを描くと原稿用紙に向かった『デザイナー』。50代半ば、腕の痛みと視力低下と闘いながら描いた『プライド』。『デザイナー』は仕事へのプライド、『プライド』は人として、どう誇りと尊厳を持って生きるかのプライドだ。どちらにも、彼女の根っこにある矜持《きょうじ》がある。自分らしくあり続けながら、この居心地の悪い社会で居場所を作ること。自分の幸せは自分で決めること。そして、他者を踏みにじるのではなく、自分が上がることだ。

「『デザイナー』のあと、もう描きたいものはみんな描いたと途方に暮れて。それで、私にとってのプロってなんだろうと考えた。そしたらね、好き放題描いてきた私は、セミプロでしかないってことに気づいたのよ」

一条によるプロの定義はこうだ。

「好き嫌いが、私にとって一番大事なこと。だから、苦手なタイプの女の一生を、読者にバレないよう最後まで描き切ったら、私はプロになれると思って。その技術を身につけたら、もう怖いものなしと思って描いたのが、『砂の城』のナタリーです。ちなみに私の目標は『匠』です！」

己に負荷を掛け、限界のボーダーを突破していくのが一条のやり方である。「ここから先はダメ」、「あれは無理」と他者が決めたことを、力を磨いて超えていく。一条以外のすべてが想像する先に、一条が生み出す新たな物語がある。

この時期、東村山に居を移した。１９７０年代、まだ20代の女が土地を買い、家を建てた。

「27歳だったかな。新宿で楽しく暮らしていたので、買う気なんかまったくなかったんです。そしたらある日突然、建築会社の人がやって来て、『お家をお建てになるそうで』と。そんな話はないと追い返すと、第一勧銀（当時）から、そう聞いたと言われて。とりあえず帰ってもらったけれど、何度もやってきて、『こんなお家どうですか。あんな家どうですか』ってパンフレットを見せてくる。私が『嫌です、建てませんこんな家』と言えば、『では、どのようなお家がお好きなんですか？』って。乗せられていたことに途中で気がついたんですけど、とにかくしつこかった」

第一勧銀は、建築会社に融資なり貸付なりをしていたのだろう。倒産されたら回収不能になるので、資金力のある顧客の情報を伝えたのかもしれない。

「土地もないのに家なんか建てられませんと言ったら、今度はいい土地が！ 見に行きましょうと車に乗せられあちこち連れ回され、なんと言うか、知らない世界につい好奇心が疼《うず》いたんでしょうね。本を読んでも映画を見ても、男と付き合っても、『あっこれ使えるわ』ってつい……職業病ですね。そのうちだんだん知識がついて。東村山の地主さんのところへ行ったら、そこのおじいちゃんがいい人だった。それまで散々見てきたので、その土地に値打ちがあることもわかったんです」

なぜ、東村山だったのかと尋ねると、都心からどれだけ離れていたか知らなかったからだと一条は笑った。毎度、徹夜明けに車で連れ回されるので、一条はシートに身を沈めた途端に眠ってしまう。新宿からの時間経過を、体感できなかったのだ。

ほかにも、家を建てることに決めた理由はある。

「夜中の1時半頃、新宿のマンションに見たこともない兄ちゃん2人が訪ねてきて、『終電逃しちゃって、ここに来たら泊めてもらえると聞いて』と言われた。女のひとり暮らしだし、こんな目にあう新宿に住んでいるのが、ちょっと嫌になった」

東村山の家で生まれたのが、ナタリーが主人公の『砂の城』である。当時の写真を見ると、まさにナタリーが住む洋館のよう。家の前に佇む一条はAラインの白いワンピースを着ており、のちに築かれた「漫画家・一条ゆかり」というキャラクターからは距離がある。キッチンの床をレンガにしたため、食器を落とすと１００％割れてしまったと、一条は過去のインタビューで答えていた。

「私はナタリーの性格がうざくて苦手で。彼女は自分しか見えない悲劇の主人公。愛されて育ったお金持ちのお嬢様の自己中が痛い。無い物ねだりをしてないで、もっと建設的に考えようよとレンガの上に正座させて説教してやりたかった」

昔を懐かしむように話す一条だが、当時は苛《いら》つきさえも原動力にした。

「でも、いいこともあった。私があまりにナタリーを嫌ったから、『有閑倶楽部』が生まれたのよ」

一条ゆかりの数ある代表作のなかで、最も広く知られているのが『有閑倶楽部』だ。当時はそんな言葉はなかったが、いまで言うなら超弩級《ちょうどきゅう》セレブな高校生が、奇想天外な事件に巻き込まれ大活躍する物語。インターネットがなかった時代、昭和生まれの小中学生に、豊かな文化資本を授けたと言っても過言ではない。漫画のタイトルは《有閑マダム》からヒントを得たらしい。

ちなみに、東村山では『有閑倶楽部』の松竹梅魅録《みろく》の飼い犬「男山」のモデルになったコリー犬、「蘭丸」を飼い始めた。一条は番犬にもなる大型犬を好み、蘭丸亡きあともハスキー犬やバーニーズマウンテンドッグを家に迎えた。「蘭丸」という名前はいまも、彼女の個人事務所の名前に受け継がれている。

「ナタリーの性格なら絶対こうだわと言いながら描いて、むかついて、終わったらドンチャンパッパッ、ヘイヘイヘイと『有閑倶楽部』を描く。テンションを上げて疲れ果てたら、もうなんにもしたくない、どうせ私、生きてたってしょうがない……とナタリーを描く。甘いの、しょっぱいのを交互に」

気晴らしに始めたはずが、生来のこだわり気質がフル稼働し、一条は世界の文化や美術を徹底的に調べあげて漫画を描いた。『砂の城』では、フランスの教育事情を知るために大使館まで出向いた一条だが、『有閑倶楽部』では、作中で使う毒物の特性を順天堂大学大学院に突撃電話取材して聞くなどリアルを追求した。その恩恵を、我々はたった数百円で受けていたという贅沢な話である。国宝・曜変天目《ようへんてんもく》の存在や、テニスのルール、カジノの様子、ヨーロッパの家具など、『有閑倶楽部』から読者が自然に知り得た知識は数知れない。連載は20年続いた。

不動の地位を築きながら、棲家《すみか》は定期的に変えた。東村山時代には渋谷にワンルームマンションを買い、仕事が終わると蘭丸を連れて都会生活を楽しんだ。東村山を手放し吉祥寺に家を建て、時にニューヨークにコンドミニアムを所有し、千葉には別荘があった。原宿や麻布十番に、マンションの一室を持っていた時代もある。現在の家は、イチから建てた4軒目の家になる。

手に入れたものを手放し、新しいものを手に入れる。新陳代謝を繰り返すように、新しい場所で新しい作品を描く。読者はますます夢中になる。

「性格は変えられないから、環境を変えるの。そうすると新しい興味が見えてくるじゃない？」

自己を正しく把握し、長く、高く、遠くへ飛ぶために、特性を活かした操縦を行う。見事としかいいようがない。

描きたいものを描く決意には並々ならぬ気概を感じるものの、読まれなければ元も子もないのが商業漫画だ。

「自分の意思をあまりに貫き通そうとして、仕事がこなくなっては困る。漫画だけで生活できなくなってしまうから」

一条には、漫画家としてのプライドと、商業作家としての戦略的自我が強くある。売れるだけでなく、描きたいものを描き続けるためには人気が必要だと悟り、キャリア序盤から定期的に読者アンケートに目を通した。当時、そうする漫画家はほとんどいなかった。

「アンケートを見たら、年代によって好みが違ったり、人気が急に上がったり下がったりしているのに気付いて。この展開は好まれて、これは嫌われるんだなと。では、読者の望み通りにすればいいかと言うと、イエスマンは最初はいいけど、そのうちつまらなくなるでしょ？　だから大筋で裏切って、ちょっと読者に寄せるか、期待通りに描いて、ちょっと裏切るか。どちらかがいいと思った。あと、おとり作戦。読者は女の子だし、ファッションや異性のことに食いつくのよ。そういうネタを出して、これ好きだよね〜、だったらこれも好きだよね〜って、ちょっとずつ動かして、自分が描きたいものまで連れていく。あなたの好きなパッケージにしてあげるから、中身は私の好きなものってこと。セールスを上手にやれば、いけると思った。あとは大人ぶりたい女の子の興味をいかに誘うか、ですね。きっとこれが私の一番の武器だと思う」

漫画を描くのに一番必要なのは、普通を知ることだそうだ。

「普通の人と自分の性格が違うことはわかっていたから。でも、自分にあるもので闘うしかないでしょ。自分の芯を、なにひとつ世間に迎合させたくなかったし。だから、調査して戦略を立てるのよ。一番ラッキーだったのは、私が田舎者だったこと。すごく嫌だったんだけれど、よく考えたら読者って九割田舎者じゃん。田舎者が都会のどこに憧れるかを、私は嫌でも知っているから。つまり、自分が憧れているものを描けば、九割が釣れる」

コンプレックスが、一条と大衆との接点だった。そう気がついたとき、「勝った」と思った。

「私はものすごくミーハーでもあるの。私が欲しいと思うもの、すごくやりたいことは、あとからほぼ100%流行る。だから、私の欲望を描けばいい」

都会へのコンプレックスと、流行の半歩先が受信できるミーハーレーダー。この二つの強みで作品をパッケージすれば、描きたいものが読者に届く確信があった。

一条の素質が大衆を魅了することを示す、ファンのあいだで語り継がれる秀逸なエピソードがある。

第1回りぼん新人漫画賞に入賞した一条は、お祝いと称してホテルニューオータニの最上階ラウンジへ連れていかれた。編集者は、なにを頼んでもよいと彼女に言う。

本当によいのかと確認したのち、一条はこう言った。

「じゃ、この一番高いレミーマルタンをください」

ホテルのバーで出されるレミーマルタンという、誰にでもわかる都会の記号性。この店で一番高いものを知れるチャンスを逃したくないという、明け透けな欲望。時効ながら、高校の制服を着た未成年だったというタブー。まるで、一条ゆかり漫画の一場面を見ているようではないか。

世間に合わせるくらいなら、そもそも漫画家にはならなかったと一条は言う。

「商業高校だったから、社会に出れば普通の仕事だってできる。でも、裸電球が待っている漫画家の世界に突っ込んだの。必要なら喜んで貧乏になってやると思って。親のせいで貧しかったのには腹が立つけど、自分の野心のための貧乏ならなんともない。健康だし、いざとなったら肉体労働をやろうって」

自分ひとりを食わせるためなら、なんとでもできる。ただ、母親から呼び戻されぬよう、どこまでなら問題にならないかを考え抜いた。

「母がしぶしぶオッケーするであろう、健全なスナックまでと決めていました。客の横には座りたくないのでカウンターで料理して、調子よく適当に合わせて、たまには客と『銀座の恋の物語』でもデュエット。末っ子だったから懐メロや軍歌もほとんど歌えるし」

一条は、漫画家になるずっと前から戦略家だったのだ。

本名の藤本典子は、一条ゆかりの奴隷だという。見方を変えれば、藤本典子は名プロデューサーだ。名プロデューサーは、一条ゆかりが一条ゆかりであるために、藤本典子に自己欺瞞《ぎまん》を許さない。

「どんなに嫌な自分でも、いつも真っ正面から自分と闘いたい。『あなたの敵は?』と聞かれたら、今日の私と答えます。一番の味方は、明日の私。明日の私に褒められるように、今日の私と闘うのよ」

他者と共存するために必要な、信用を培う術もよく知っている。

「謙遜は大嫌い。これはできます、これはできませんと正直に言わないと。自分を間違わずに把握していたいっていつも思う。それでも間違うけどね」

自分を好きでいるためには、自己憐憫《れんびん》もご法度だ。

「すべてを人のせいにする、ずるい人間にはなりたくない。私は自分を好きでいたいし、誤魔化して生きる自分を好きになれるはずがないから」

誤魔化さずに生きるのは、至難の業ではないのか。

「都合のいい性格じゃないんですよ。常日頃から嫌いと公言していることを自分がしてたら、きっとショックでうろたえると思う。自分だけは特別、ができない性格で、いま思ったんだけど、私は贔屓《ひいき》も嫌いだから裁判官に向いてると思う」

誤魔化さずに生きる以外の選択肢が、一条にはなかった。

「世の中、嫌なことはいっぱいあります。特に私のような性格だと、田舎では生きづらくて。それを嘆くより、最悪な環境だったけど頑張ったんだ、偉いだろうと、自分に言ってあげたかった。どうやったら良い方向に着地できるかを、いつも考えていました」

叶えたい夢があるならば、踏ん張った先には成果が待っている。一条ゆかりの存在は、それがひとつの真実であることの証明だ。全方位に配慮が必要になり、頑張った先になにがあるかを正しく話せる大人が、いまは少ない。

「私ね、命と交換してもいいから手に入れたいと強く欲したものは、必ず手に入れてきたの」

真っ直ぐこちらを見て答える一条だが、苦労と努力で手詰まりになったことはないのだろうか。

「いままでやったことがないことをやるなら、最初はわからなくてできないのが当たり前。やったことがないことは、いままでした苦労以上にやらないと無理だろうなと思ってる。壁を超えるというか、自分の価値観を壊すってそういうもんでしょ？　よく、『才能がある人はいいわよね』と言われるけれど、それでは、才能がある私がこんなに努力してるんだから、あなたはどれだけしなきゃいけないんだと、一回だけ相手に言ったことがあります」

私って性格が悪いから、と一条は自嘲めくが、言われたほうはどれだけありがたかったことか。

妥協せず、ごまかさず、描きたいことを描いた。その手ごたえを得たからこそ、一条はストーリー漫画から卒業した。

「ひどく体を壊したけれど、それを漫画のせいにはしたくないの」

長年の不規則な生活を改め、たばこも酒もやめた。いまは、本人が言うところの「ボケ防止」も兼ねて、自分だけでできる負担の少ない仕事をやりながら、家庭菜園に勤《いそ》しみ、治療と回復に向き合っているそうだ。「漫画なんか描いているから」と誰にも言わせたくなかったように、「漫画なんか描いていたから」と自分にも思わせたくないのだろう。

では、明らかに自分のせいではないことに対しては、どう応じてきたのか。

「自分のせいでなくても、私が処理するしかない問題なら仕方がない。自分のことだけを考えていたら、それは無理だよ。都合のいいところだけを欲しがるのは、ただのエゴ。みんな利害関係が違うんだから。他人の立場を考えながら発言できるのが大人で、自分の立場しか考えずにしゃべるのは、90歳過ぎてもガキ」

一条の信条は机上の空論ではない。痛み分けを前提にした、ストリートスマートと言えよう。実践的な、街場のルールに則っている。

利害が一致しない他者が存在するのが世の常だ。それ故、手持ちの駒を磨き、うまく使って粘り強い交渉と折衝をする。すべては、自分を鎖に繋がないために。

「子どものころから、ずっと自由が欲しかった。好きなものを好きと言い、好きなことをしたいんです。私の行動を制限するのは、誰にも許さないということ」

人は自由であるべきだが、自由は責任とセットであると一条は言葉を続けた。

作品の進行管理において、一条ゆかりは工場長のようでもある。

「苦し紛れについた嘘で、印刷所に迷惑を掛けるようなことはしたくなかったから。大日本印刷を一時間待たせると、どれだけお金がかかるかってことよ」

小さな嘘が、版元の損害になることも一条は若くして知っていた。

編集者は好き勝手を言うから指図は受けないと豪語しながら、一条はこうも言う。

「どんなに性格が悪い編集者でも、自分の担当漫画家には人気が出てほしいと必ず思っている。それに、私にとって担当は、最初の読者です。はじめから共同責任感を持ってくれる最初の読者を攻略できなくて、ファンなんか攻略できるわけがない」

一見、相反するふたつの発言にはまったく矛盾がない。自分の意見を持ち、ハッキリとYESとNOを言う。相手の持ち場を尊重し、依存はしない。一条の嘘偽りのない自立の姿だ。母についても同様だった。

「ものすごく腹も立ったけれど、なかなか美人でプライドの高い優秀な人でしたよ。一昔前の妻として、母として、情けない夫を最後まで捨てずに頑張った人です。ただ私とはあまりにも価値観が違うし、自分の正義を私に押し付けるのが辛かった。母は、私にとっては人生の対極のライバルだったのかもしれない」

母については、後日談がある。

「有名になってから田舎に帰ったら、私がいつの間にか母の自慢になっていたの。夜中に仕事をしていたら、『大変ね』とお茶を持ってきてくれて」

さぞ嬉しかったろうと思ったが、そうではないらしい。

「がっかりでした。母の、あの鬼のようなプライドは、私がどんなに偉くなろうが一生保っていてほしかったのに。折れずに自分のポリシー貫けよと、恥ずかしかった」

亡くなる前、母は病院で一条に「おまえを産んで良かった」と言ったそうだ。

「聞いた瞬間に、くるっと後ろを向いてガッツポーズしてしまった」

幼心に誓った、いつか実力で母を屈服させるという願いが叶った瞬間だった。

「20歳くらいだったかな、世の中には理不尽な人がいっぱいいると知ったの。竹宮（惠子）さんや萩尾（望都）さんも出ていたイベントで、わざわざ私に『一条ゆかりは嫌いだ』と伝えてくる読者や、『実力もないのに人気があっていいわよね』と言ってくる大御所や。私を守るのは、私しかいないと思った」

生意気だと言われる一条を、先輩漫画家の里中満智子は姉のように心配してくれたという。

「編集さんに『出る杭は打たれるって知ってる？』って言われたから、『出過ぎればいいいんじゃないいんですか？　中途半端だから打たれるんですよ』って返して。私、生意気なのは直さなくていいと思ってました。素直でいい子で人気がない作家と、生意気で扱いづらい人気がある作家なら編集はどちらを選ぶかなと、とにかく人気と実力をつけるために自分を追い込んで、退路をガンガン断ったら、やるしかないじゃない」

キャリアを重ねるたび、担当編集者やアシスタントから、一条さんは特別だから大丈夫、と言われることが増えていった。

「そうじゃないのにね。自分の中で一番頑張ったのが、一条ゆかりという偶像を作ること。漫画を読んでイメージする作者の一条ゆかりと、本人がちょっとキャラがかぶっているように見えるよう、あーこの人が描いてるんだなと納得してもらえるようにしなきゃあと思ってた。人気商売だし夢を売るのも仕事だから、ファンをがっかりさせるのなら顔出しはやめるべきだと。自分で作った一条ゆかりキャラを、50年以上も演じてたのでだんだん同化してきて、最近では自然体で一条ゆかりみたいよ」

一条ゆかりという漫画家の存在までが、彼女の作品だったのだ。読者の私は、それを知る由もなく夢中になった。

1994年、「少女まんがもオトナになる」がキャッチフレーズの月刊漫画誌『コーラス』(現・『Cocohana』)が創刊。一条ゆかり、くらもちふさこ、槇村さとるという、最盛期の集英社少女漫画をけん引してきたベテラン作家が揃い踏みした、夢のような漫画誌が誕生した。

一条は、スランプに陥ったことがないという。そんな猶予《ゆうよ》はなかった。しかし、なにを描いてもいいと出版社に言われたこの新天地で、大変な思いをしたことは否めない。プレッシャーもあったろう。究極の大人の恋愛を描こうと決めたが、しばらく新しい恋をしていない自分にも焦りを感じた。

「そのときに、離婚したの。あのころの私に課せられた宿題は、必ずトップになること。しかも、旦那が担当編集で、当然のようにそれを私に要求して。不安になって相談しても、『大丈夫だよ、ゆかりちゃんは』で、おしまい。あのときだけは呪ったな」

38歳で結婚した7つ下の夫と、色々葛藤があった末に45歳で別れ、すぐに16歳年下の恋人ができた。娘の同級生と恋に落ちる大人の女性を描いた『正しい恋愛のススメ』が『コーラス』で始まったのは、1995年のこと。担当編集者は元夫から代えずに進めた。婚姻関係が終了しても、仕事上の信頼は損なわれないと双方が望んだことだった。あっぱれ、一条ゆかりである。

「私にとって、男はカウチに似てる。一生懸命頑張ってる私へのプレゼントで、お昼寝にはいい、けどちゃんと寝ようと思うとくつろげない。結構心を許していたのは、肉体関係のないボーイフレンド。昔はお互いに恋人がいたから、本当にボーイフレンドよ。彼が私にとって構えず見栄を張らず安心できる人。私に対して深い愛情を持ってくれてると思うし、甘えたかったら多分甘えさせてもくれると思う。いまは年に数回も会わないけど、いつ会っても久しぶりという感覚がないのよね。友情と愛情の微妙な場所が居心地いいです」

信念と戦略で道を拓いてきた泥臭い人生の飛沫をつぶさに浴びていたはずが、気付けば「男女間の友情を成立させるには、大人の分別が必要」という、最も一条ゆかりらしい洒落た訓言を授かってインタビューが終了した。
数多《あまた》のめくるめく恋愛を描いてきた張本人が、恋に身を捧げることはなかった。一条ゆかりがその身を捧げたのは、漫画だけ。

（２０２３年３月22日発売号）

おわりに

決してあきらめない。自分を信じる。誰もが耳にしたことがある言葉だ。生真面目な人ほど、まったく心に響かないのではないだろうか。もしくは、自分とは無関係な絵空事だと思ってしまう。そして、できない自分を責める。

自分を信じられないのは、私たちに気力がないからではない。あきらめずに信じるやり方の具体性に欠けるからだ。実用的な技術や方法を示すサンプルが、女の場合は少なすぎる。

だから私は、自分の居場所を作り出す女の話が欲しかった。不当な扱いへの忍耐や、他者への献身や、コミュニティのための自己犠牲を讃える物語ではなく。エキセントリックに周囲を振り回す女、運命にひたすら翻弄《ほんろう》される女、男を破滅させるファムファタール。そういう話も気分ではなかった。一面的過ぎる。

私たちと同じように、ままならぬ毎日を騙し騙し生きる女が闘いの庭に植えた一粒の種に絶えず水をやり、芽吹いたら日の当たるところへ苗を移し、少しずつ少しずつ花を咲かせるまでの日々。私が知りたいのは、そういう話だった。

と、ここまでは「はじめに」で記した内容とさほど変わらない。しかし、あなたが13人の物語を経てここに辿り着いたならば、「決してあきらめない」と「自分を信じる」のありようが、以前よりも鮮烈に胸に響いていると信じたい。

彼女たちの物語には通底するセオリーがあるように思う。話を聞き進めていくうちに、それぞれの逸話を織りなす数多の細い線から重なる部分が太く濃く浮き上がってきたときには鳥肌が立った。

彼女たちがここにいる理由は明らかだ。決してあきらめず、自分を信じたからだ。しかし、努力や根性だけの賜物《たまもの》ではないだろう。行間を子細に見ていけば、そこには他者と自己へのたゆまぬ観察と分析があり、鍛えぬいた客観性があり、それ以上の主体性があり、信念を曲げないことと、他者の期待に応えることの両方を叶えるための永遠の微調整がある。自分以外の言いなりにはならないのも、大きな共通点だ。つまり、自分の人生の舵《かじ》を決して手放さない。

彼女たちは地図と羅針盤を持っている。そのふたつがあるから、信じ続けることも、あきらめないことも叶う。心の中に輝く北極星がある限り、自分を見失うこともない。

沈下《ちんか》せずに生きるには目の前のことをコツコツとやるしかないのだが、取捨選択の基準がわからずに音を上げてしまう人を数多みてきた。人の期待に応えすぎたり、度を越えた我慢を自分に強いたり、揮発性の高い欲求に惑わされたりした結果だろう。地図と羅針盤を手に入れる前に、歩を進めてしまったからだ。

地図と羅針盤をもって、私たちはどこへ進むのか。もしくは、どこへは進まないのか。自分自身ととことん向き合わないうちは、目的地はわからない。けだし、彼女たちは自分と闘い続けている女なのだ。

足掛け6年にわたる連載で、多忙のなか時間を割き、真摯に言葉を伝えてくださった13人の女たちには感謝しかない。

仕事を通し本質の意義を説いてくれた齋藤薫さん、個性を活かし人の役に立つ術を教えてくれた柴田理恵さん、ディグニティをもち美しく闘う姿を見せてくれた君島十和子さん、自身を掘り起こし焦燥《しょうそう》を熱に変えるマジックを披露してくれた大草直子さん、自信をもてずとも常識は覆《くつがえ》せると気付かせてくれた吉田羊さん、創ることと伝えることの意義を語ってくれた野木亜紀子さん、めげないことがどれほどの強みかを体現してくれた浜内千波さん、雑音を気にせず当たり前を積み重ねる尊さを掘り下げてくれた辻希美さん、内に秘めた炎を絶やさぬことでしか生まれぬ輝きを手ほどきしてくれた田中みな実さん、譲れないものをもち続けることの条理を浮かび上がらせてくれた山瀬まみさん、観察と思考を重ねチャンスを作るステップをつまびらかにしてくれた神崎恵さん、逆境から場を作るやり方を惜しみなく披露してくれた北斗晶さん、自分の味方であり続けるための心持ちと実践方法を伝授してくれた一条ゆかりさん、ありがとうございました。

最後に、インタビュイーそれぞれがまとうオーラもあまさず写し取ったイラストに加え、集大成としてのカバー絵も描いてくださったイラストレーターの那須慶子さん、資料集めとスケジュール調整に東奔西走してくれた週刊文春WOMANの井﨑彩編集長と中本麗光さん、単行本化にあたり尽力してくださった文藝春秋の馬場智子さんにもお礼を申し上げます。

2023年3月

ジェーン・スー

「週刊文春WOMAN」vol.1～5、7～13、17号掲載分を再編集して収録しました

ジェーン・スー

1973年、東京生まれ東京育ちの日本人。作詞家、コラムニスト、ラジオパーソナリティ。TBSラジオ「ジェーン・スー 生活は踊る」、ポッドキャスト番組「ジェーン・スーと堀井美香の『OVER THE SUN』」のパーソナリティとして活躍中。『貴様いつまで女子でいるつもりだ問題』で第31回講談社エッセイ賞を受賞。
著書に『女の甲冑、着たり脱いだり毎日が戦なり。』『生きるとか死ぬとか父親とか』『ひとまず上出来』『おつかれ、今日の私。』、共著に『OVER THE SUN公式互助会本』など多数。

マネジメント：市川康久（アゲハスプリングス）
Special Thanks：ワハハ本舗、FTC、HRM、白羊堂、ファミリークッキングスクール、ヤムエンターテインメント、フラーム、ホリプロ、パールダッシュ、健介オフィス、集英社

闘《たたか》いの庭《にわ》　咲《さ》く女《おんな》　彼女《かのじょ》がそこにいる理由《りゆう》

2023年3月30日　第1刷発行
2023年6月15日　第6刷発行

著　者　ジェーン・スー
発行者　鳥山靖
発行所　株式会社 文藝春秋
郵便番号 102-8008
東京都千代田区紀尾井町 3-23
電話　03(3265)1211

印　刷
製　本　大日本印刷

　ISBN978-4-16-391675-0
Printed in Japan

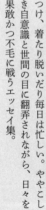

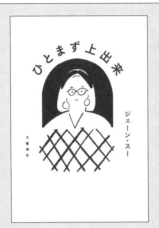